Das Buch

Traummann sucht Traumfrau – und sie leben glücklich und zufrieden. Die Realität aber sieht meist anders aus. Was also können wir tun, um in einer Partnerschaft Glück zu finden beziehungsweise: Ist das überhaupt möglich? Der Autor zeigt klar: Ja, es ist möglich. Für ihn stand die Suche nach einer erfüllenden Beziehung immer im Vordergrund, so sind diese Glücksregeln auch ein Stück weit eine Beschreibung seiner eigenen Versuche, Irrtümer und Fehler und dessen, was er als Essenz daraus gelernt hat.
Die hier beschriebenen Glücksregeln sind einfach und völlig logisch und doch widersprechen sie in weiten Teilen dem, was wir tatsächlich praktizieren und dem, was in der Gesellschaft als normal gilt. Der Autor vermittelt uns eine neue Sichtweise und rückt die Beziehung wieder in den Mittelpunkt: Damit die Sehnsucht nach dem Seelenpartner kein Traum bleiben muss.

Der Autor

Pierre Franckh stand bereits als Kind auf der Bühne und gab sein Filmdebüt in Helmut Käutners »Lausbubengeschichten«. Seit 1958 spielte er in vielen Kinofilmen und über 200 Fernsehproduktionen mit. Seit 1996 widmete er sich verstärkt seiner Autorentätigkeit und war 2000 mit dem Kinofilm »Und das ist erst der Anfang« auch als Autor und Regisseur erfolgreich. Die Themen Psychologie und Beziehungsarbeit beschäftigen ihn seit vielen Jahren. Zu seinen Glücksregeln hält er Vorträge und Seminare. Weitere Informationen unter www.pierre-franckh.de

Pierre Franckh

Glücksregeln für die Liebe

Ullstein

Besuchen Sie uns im Internet:
www.ullstein-taschenbuch.de

Umwelthinweis:
Dieses Buch wurde auf chlor- und säurefreiem Papier gedruckt.

Ungekürzte Ausgabe im Ullstein Taschenbuch
1. Auflage Januar 2007
© 2004 KOHA-Verlag, Burgrain
Umschlaggestaltung: Büro Hamburg
Titelillustration: Lenora Gim/Getty Images
Druck und Bindearbeiten: Ebner & Spiegel, Ulm
Printed in Germany
ISBN-13: 978-3-548-36899-3
ISBN-10: 3-548-36899-9

Eine Beziehung wird immer wieder neu erschaffen.

Tag für Tag, Woche für Woche.

Wenn du willst, ein Leben lang.

Heute wäre ein guter Tag.

Inhalt

Meine Geschichte	11
Die große Sehnsucht, den richtigen Partner zu finden	21
Glücksregeln für die Liebe	24

Glücksregel 1: *Sex hilft nicht bei der Partnersuche* — 25
- Für jetzt oder für immer? — 25
- Sex schafft Bindungen — 28
- Wer ist der (die) Richtige? — 31

Glücksregel 2: *Sei ehrlich zu dir selbst* — 34
- Die Liste – Bestandsaufnahme — 34
- Was ich mir in meiner Beziehung wünsche — 35
- Was ich bereit bin, selbst einzubringen — 37
- Was ich in meiner Beziehung habe — 41
- Gibt es Situationen in deinem Leben, die sich immer und immer wieder wiederholen? — 47

Glücksregel 3: *Du bekommst immer nur, was du gibst* — 58
- Die Partnerwahl — 59
- Die Themen der Beziehung — 61

Glücksregel 4: *Betrachte deinen Partner niemals als dein Eigentum* — 66

Glücksregel 5: *Lebe in der Beziehung, die du tatsächlich hast* — 71

Glücksregel 6: *Löse dich von Vergangenem* — 76
- Loslassen bedeutet vollständig loszulassen — 80

Glücksregel 7: *Rede mit deinem Partner* — 85
- Reden bringt Leichtigkeit — 85
- Reden bringt Tiefe — 89

	Streit kann auch eine Form von Kommunikation sein	91
	Reden ohne Worte	93
Glücksregel 8:	*Sprecht über das, worüber man nicht spricht – Sex*	*96*
	Vorlieben werden sich wandeln	98
Glücksregel 9:	*Unterwirf dich keiner Norm – erst recht nicht beim Sex*	*102*
	Sex ist so flüchtig wie die Zeit	105
	Nirgends wird so viel gelogen	108
	Sex findet viel seltener statt, als man uns glauben machen will	111
	Es gibt keine Norm	112
Glücksregel 10:	*Verwechsle Sex nicht mit Liebe*	*115*
	Sie schliefen miteinander und blieben sich doch fremd	115
	Wie komme ich zum guten Sex?	116
	Der »gute« Sex	118
Glücksregel 11:	*Du wirst geliebt, so wie du bist*	*122*
Glücksregel 12:	*Wahre Nähe entsteht durch Hingabe*	*128*
	Warum ist Hingabe so schwer?	128
	Ohne Liebe gibt es keinen Grund zusammenzubleiben	131
Glücksregel 13:	*Lerne zu nehmen*	*133*
Glücksregel 14:	*Achte deine Beziehung*	*136*
	Die Abwärtsschraube	136
	Hol dir wieder das zurück, was euch beide ausmacht	139
Glücksregel 15:	*Räume deinem Partner einen Platz in deinem Leben ein*	*142*
Glücksregel 16:	*Unterstütze deinen Partner*	*145*

Glücksregel 17: Rede nicht schlecht über deinen Partner   147

Glücksregel 18: Spiel nicht mit dem Feuer   153
           Flirt, die Einstiegsdroge zum Seitensprung   153

Glücksregel 19: Treue ist dein wichtigstes Kapital   159
           Der ganz normale Seitensprung   159
           Scheinbare Vorteile und die tatsächlichen Konsequenzen   159
           Wieso kommt unsere Beziehung überhaupt an diesen Punkt?   163
           Varianten ins Chaos: Weitere Konsequenzen   166
           Wenn der Seitensprung Folgen hat   168
           Ein Dreiecksverhältnis betrifft selten nur drei   168
           Wenn Trennung unvermeidlich ist   169

Glücksregel 20: Mit dem Ende einer Affäre beginnt die Beziehungsarbeit   172
           Phönix aus der Asche   174

Glücksregel 21: Gib deiner Partnerschaft einen tieferen Sinn   177
           Größere Ziele   182

           Danksagung   185
           Anmerkungen   186
           Beziehungs-Seminare   187

Meine Geschichte

Als ich elf Jahre alt war, geschah das Unfassbare. Meine Eltern trennten sich und ließen sich scheiden. Die Familie zerbrach und wir zogen mit der Mutter erstmal nach Essen zu einer Großtante. Meinen Vater habe ich von da an nur noch sporadisch gesehen und ich wuchs gerade in der wichtigen Zeit der Pubertät ohne männliches Vorbild auf.

Was ich nicht verstehen konnte und wollte, war, wieso zwei Menschen, die sich einmal geliebt hatten, die sich ewige Zuneigung und Treue geschworen und lange Zeit an einer gemeinsamen Zukunft gebaut hatten, plötzlich alle Hoffnung aufgaben und nicht mehr zusammenleben wollten. Obwohl sie zwei Kinder hatten, die sich nichts sehnlicher wünschten, als dass sie zusammenblieben.
In meinen Augen gehörten sie jedenfalls zusammen. Aber nicht in ihren. Was war geschehen, dass die Liebe von einst sich so gewandelt hatte und es ihnen unmöglich erschien, auch nur noch einen Tag länger gemeinsam zu verbringen.

Diese Frage hat mich nicht mehr losgelassen. Bis heute nicht. Warum fällt es den Menschen so schwer ihre Liebe zu bewahren?

Da sich bei mir kein wirkliches Familiengefühl entwickelt hatte, bin ich sehr früh von Zuhause ausgezogen und habe bereits vor meinem Abitur geheiratet. Ich wollte einfach endlich eine Familie haben. Ich wollte den Traum von Familie leben. Aber ohne wirkliches Vorbild, nicht aufgewachsen in einem harmonischen Familienverband und ohne dass mir etwas Brauchbares vorgelebt worden wäre, war ich überhaupt nicht fähig zu einer wahren, tiefen Liebesbeziehung. Meine eigene Scheidung war nur noch eine traurige Bestätigung dieser

Tatsache. Ständig getrieben von der Sehnsucht nach Geborgenheit und Nähe suchte ich dieses Zuhause schließlich in fremden Armen. Im Sex fand ich zwar Bestätigung, aber jedes Mal war ich danach einsamer und fühlte mich wesentlich verlorener als zuvor. Weil ich die Einsamkeit nicht wahrhaben wollte, suchte ich umso häufiger und wilder nach dieser Tiefe, verlangte Hingabe ohne selbst Hingabe geben zu können – zumindest nicht dauerhaft, sondern nur für den kurzen Moment der selbstgeglaubten Liebesschwüre.

Ich hasste den Morgen, den Zug, das Flugzeug, das mich wieder wegführte, und gleichzeitig gefiel ich mir in der Rolle des einsamen, melancholischen Helden.

Als Liebhaber ein Genuss, als Partner ein Bankrotteur.

Denn all die Fähigkeiten, die ich von Frauen gelernt hatte, befähigten mich nicht, eine echte Liebesbeziehung einzugehen.

Sex, also die körperliche Vereinigung, führte mich seltsamerweise immer weiter weg von dem Ziel glücklich zu sein. Eine wirklich wahrhaftige Beziehung war in weite Ferne gerückt.

Beziehungen gab es also viele und gerade weil es so viele gab, waren sie meistens kurz und heftig und endeten stets im Chaos.

Das Einzige, was jedoch blieb, und zwar dauerhaft, war die Sehnsucht nach einer tiefen Liebesbeziehung.

Schon als Jugendlicher brachte mich diese Sehnsucht dazu, alles, was sich auch nur annähernd mit Beziehung beschäftigte, zu lesen. Freud, C. G. Jung, Psychologen, Therapeuten, Ratgeber, Verhaltensforscher. Nur damit ich bei interessanten Kongressen die Vorträge hören konnte, jobbte ich manchmal als Aushilfe bei Veranstaltungen im Deutschen Museum, denn Geld hatte ich damals kaum.

Das Studium der Psychologie und Medizin schien mir klar vorgezeichnet. Trotz aller frühen Erfolge als Schauspieler habe ich immer nur dieses Ziel anvisiert.

Aber das Schicksal hatte einen anderen Weg bestimmt. Nach dem Abitur wurde ich von dem Erfolg als Schauspieler so gestreichelt,

dass es sich zunächst nicht anbot, dieses Talent brachliegen zu lassen und die Bühne mit einem Platz an der Uni zu tauschen.
Aber dem Ruf des Herzens zu folgen war stets ein tiefer Wunsch, der nie vernachlässigt wurde. Jenseits aller schauspielerischen Erfolge entstand ein zweites, paralleles Leben, welches immer intensiver und konsequenter betrieben wurde.

Fast fünfzehn Jahre lang beschäftigte ich mich mit der Reinkarnationstherapie und absolvierte verschiedene Therapieausbildungen. Ich beschäftigte mich ausführlich mit den Familienaufstellungen von Hellinger, studierte unzählige alternative Heilmethoden, interessierte mich für Rebalancing, Rolfing sowie für Transzendentale Meditation und Yoga und wurde intensiv und nachhaltig von den Werken Buddhas, Alice Baileys, des Dalai Lama, von Sri Nisargadatta Maharaj, Ron Smothermon, Ken Keyes und den Lehren östlicher Meister beeinflusst.
Bücher fanden zur richtigen Zeit den Weg in meine Hände und rüttelten mich wach für die wahren Werte. Eine Indienreise ließ mich schließlich zum Vegetarier werden und ich begriff endgültig den Sinn täglichen Meditierens.

Doch die eigentliche Wende kam erst mit einer Krise.
Mitten in einer Zeit der großen beruflichen Erfolge erkannte ich, dass ich, trotz des erfolgreichen Einsammelns von sexuellen Beziehungen, von Macht und Prestige, von Geld und Anerkennung, unendlich weit entfernt von meinem wahren Glück war.
Das einzig Positive an dieser Situation war, dass ich es zum ersten Mal mit aller Deutlichkeit erkennen konnte und dass ich mich nicht mehr von den Schmeicheleien des Ruhmes täuschen ließ.
Ich erkannte klar, dass es keinen Sinn mehr hatte, zu kämpfen oder sich abzustrampeln. Ich ergab mich völlig. Ich ergab mich meinem Schicksal und bat darum, die tief liegende Wahrheit, die mein Lebensweg für mich bereithielt, endlich erfahren zu dürfen. Ich war überzeugt davon, dass das Leben noch mehr zu bieten haben musste als nur berühmt zu sein und sich selbst toll zu finden.

Ich war überzeugt davon, dass es eine tiefere Aufgabe, einen tieferen Sinn in meinem Leben geben musste. Es konnte nicht sein, dass ich einfach nur auf die Welt kam, um mich zu vergnügen und dann irgendwann wieder zu sterben.
Was immer der tiefere Sinn sein mochte, ich war bereit, ihn zu leben. Ich war bereit, meine wahre Aufgabe zu übernehmen.

Da geschah das Wunder. Über ein Gebet, in völliger Hingabe, tat sich plötzlich ein Vorhang in andere Dimensionen auf.
Für einige Zeit zog ich mich danach völlig von der Außenwelt zurück. Ein Engagement in Berlin half mir dabei. Etliche Monate spielte ich nur abends zwei Stunden Theater, die restliche Zeit verbrachte ich in Klausur und Meditation. Extrem wie ich war, stellte ich den Strom ab, warf alles, was meine Gedanken stören konnte, aus der Wohnung, ernährte mich nur noch von Obst und Wasser und beschäftigte mich mit dem Gedanken nach dem tieferen Sinn in meinem Leben und der Frage, wie ich zu einer wahren, echten Liebesbeziehung kommen kann. Wie sich später herausstellen sollte, hing in meinem Fall beides intensiv miteinander zusammen.
Ich machte mir eine Liste, wie meine künftige Beziehung aussehen sollte und stellte mit Entsetzen fest, dass ich zu all dem, was ich forderte, selbst gar nicht bereit war. All das, was ich mir so sehnlichst wünschte, konnte ich selbst gar nicht geben. Entweder weil ich es nicht besaß oder aber nicht fähig dazu war. Ich hatte nie gelernt, mich fallen zu lassen, mich bedingungslos hinzugeben, mich einzulassen und vor allem, mich zu entscheiden: für eine einzige Person; für diese und für keine andere auf der Welt; bedingungslos – aber was ist, wenn man sich der Falschen hingibt?
Da waren sie wieder, die Zweifel, die eine wahrhaft tiefe Liebesbeziehung stets zu verhindern wussten. Nein, ich war nicht mehr bereit, erneut die alten Wege zu beschreiten. Wohin diese führten wusste ich schon. Ich war auch nicht bereit, den ewigen Kreislauf weiter fortzuführen: verlieben – trennen, verlieben – trennen, verlieben – trennen, verlieben – trennen, verlieben – trennen, verlieben – trennen, verlieben – trennen…

Das klingt nach vielen Wiederholungen. Im Leben tun wir dies noch öfter.
Was geschieht in dem Zeitraum zwischen diesem Verlieben und diesem Trennen? In diesem Zwischenraum liegt das Scheitern.
Jedenfalls war ich nicht mehr bereit, mich mit Halbheiten zufrieden zu geben. All das, was ich forderte, wollte ich auch geben. Und was war mit dem, wozu ich noch nicht fähig war? (Das war übrigens erstaunlich viel.) Das wollte ich wenigstens offen legen. Ich wollte mitteilen: »Ja, meine Sehnsucht geht in diese Richtung, aber ich weiß nicht, wie ich da hinkomme. Mir fehlt völlig die Erfahrung.« Ich war auf jeden Fall hundert Prozent bereit es zu lernen und zu leben, egal wie schmerzhaft das auch sein würde.
Als diese Entscheidung gefallen war, geschah etwas Wunderbares. Der Druck war von mir genommen. Es gab nichts mehr, was ich tun musste, ich durfte so sein, wie ich war. Es würde das Richtige geschehen. Das Einzige, was es zu tun galt, war, stets wahrhaftig zu sein. Und ehrlich. Stets alles mitzuteilen, keine Geheimnisse oder Heimlichkeiten, kein Hintergehen, kein Vortäuschen falscher Tatsachen, kein Betrügen oder insgeheimes Vergleichen.
Die Theorie war klar, aber war das überhaupt lebbar? Und vor allem: mit wem?
Die Entscheidung war jedenfalls gefallen. Und weil ich mich entschieden hatte, gab es auch nichts mehr zu suchen. Denn zuvor war es gerade die Suche gewesen, die mich nie mit dem zufrieden sein ließ, was ich hatte. Ich wollte nicht mehr suchen. Ich war bereit, alles einfach nur zuzulassen.

In diesem Moment beschenkte mich das Schicksal mit der größten Lehre, die man sich vorstellen kann.
Ich, der zum Einsiedler geworden war, wurde von den Kollegen überredet, wenigstens einmal nach der Vorstellung mit zum Abendessen zu gehen. Nicht wirklich redselig ließ ich mich mitschleifen, lernte neue Menschen kennen, redete über Dinge, die ich noch nie mitgeteilt hatte, stellte verwundert fest, dass dies meine Gesprächspartner berührte und verschwand wieder in meine Zurückgezogenheit.

Drei Wochen später läutete das Telefon. Es war eine Frau, der ich an diesem Abend meine Nummer gegeben hatte. Ich konnte mich daran erinnern, wusste aber nicht mehr genau, wie sie aussah. Doch, sie war blond, schlank und hatte eine große, dicke Brille.
Wir telefonierten also und plötzlich waren daraus vier Stunden geworden. Ich musste ins Theater. Am nächsten Tag sprachen wir erneut, diesmal sieben Stunden. Und da sich jeder von uns sicher war, dass wir uns nie begegnen würden, erzählten wir einander alles, gaben Geheimnisse preis, die man seltsamerweise nur Unbekannten erzählt.
Es war wunderbar. In dieser Offenheit gab es eine Tiefe und Vertrautheit, die ich bis dahin nicht kannte. Zwei Seelen tauschten sich aus, trotz aller Ferne so nah und ohne all die gewohnten Schutzmäntel, in berührender Ehrlichkeit.
Und bereits nach der dritten Nacht, nach weiteren sieben Stunden, als es langsam hell wurde, fühlten wir uns so nah und verbunden, dass wir beschlossen, einen gemeinsamen Urlaub zu verbringen. Einen Liebesurlaub auf einer kleinen Insel. Da wir uns nicht sehen konnten, ich spielte jeden Abend in Berlin Theater und sie in Bonn, blieb es beim Telefonieren. Am nächsten Tag, nach einer weiteren intensiven Nacht mit ihr am Telefon, beschlossen wir – da wir uns so gut verstanden – nach Beendigung unserer Engagements zusammenzuziehen. Sie kündigte ihren Job und ihre Wohnung. Sie war zu wahrer Hingabe fähig. In sechs Wochen wollten wir in München eine gemeinsame Wohnung beziehen.
Am nächsten Tag gingen wir noch einen Schritt weiter. Wir wollten unser Geld zusammenwerfen. Und nach einer weiteren Nacht beschlossen wir zu heiraten und Kinder zu kriegen.

Die wenigen, denen ich davon erzählte, hielten mich für vollständig verrückt. Aber war ich das wirklich?

In meinen Augen war das scheinbare Risiko überhaupt nicht vorhanden. Würde ich dieser Tiefe und Nähe, die ich mit dieser Frau empfand, keine Chance geben, würde ich mein ganzes Leben damit

verbringen, mir vorzuwerfen, meine wahre, große Liebe nicht gelebt zu haben.
»Aber was ist, wenn ihr euch nicht riechen könnt? Wenn ihr körperlich nicht zusammenpasst?«
Dann würden wir Freunde werden. Denn seelisch bestand ein tiefes, untrennbares Band. Die beste Voraussetzung für bedingungslose Liebe.
Normalerweise war ich den umgekehrten Weg gegangen. Ich hatte mich körperlich mit einer Frau verbunden und erst dann genauer betrachtet, ob sie überhaupt zu mir passt.
Das Schicksal hatte mich lustigerweise diesmal gezwungen vollkommen anders vorzugehen. Erst nachdem das seelische Band geknüpft war, erst nachdem klare Entscheidungen gefällt worden waren, sollte es zu der körperlichen Vereinigung kommen. Als Krönung für zwei Menschen, die zueinander gefunden haben.
Aber noch hieß es zu warten.

Sechs Wochen, bis man sich endlich sehen kann, sechs Wochen ständiger Telefonate, tiefer Gespräche, des Austauschs von Gefühlen und Sehnsüchten und natürlich der Angst, der andere könnte doch noch einen Rückzieher machen.
Ich hatte die größte Chance das zu leben, wonach ich mich so sehnte: Liebe zu geben ohne Bedingungen, ohne einen Handel daraus zu machen, ohne Geheimnisse, alles zuzulassen. Ich war authentisch und dieses Gefühl befreite unendlich.

Nach sechs Wochen kam der große Moment. Ich mietete einen LKW und fuhr nach Bremen, wo sie wohnte, um sie abzuholen.
Ich weiß noch heute, wie glücklich ich im LKW saß, ihre Möbel hinten auf der Ladefläche, sie neben mir, die wunderbarste Frau der Welt. Ich hatte das tiefe Gefühl beschenkt worden zu sein. Dieses Gefühl hat sich bis heute bewahrt. Bis heute betrachte ich sie als Geschenk, dem es jederzeit frei steht, wieder zu gehen.
Dies ist nun dreizehn Jahre her. Wir haben geheiratet und eine Tochter bekommen.

Wir hatten unsere Krisen, weil jede Beziehung Krisen durchläuft, aber ich bin nicht einen Zentimeter von meinen Entscheidungen abgewichen. Diese Frau ist die Einzige in meinem Leben, ich war und bin nicht bereit, über andere Möglichkeiten nachzudenken. Es gibt keine anderen. Tiefe Erfüllung gibt es nur in der Hingabe. Und Hingabe ist nicht austauschbar.

Immer wieder wurde ich gefragt, wie schafft ihr das, gerade ihr, im öffentlichen Leben stehend, die ihr ein Leben führt mit den schönsten Frauen und Männern an eurer Seite, alleine in Hotels, unterwegs und mit Nächten voller Sehnsucht und Versuchungen.
Es gibt sie nicht, die Versuchungen. Wenn man sich entschieden hat, gibt es keine Versuchung mehr. Wenn man erfüllt ist, ist man nicht bereit, sich auch nur mit einem Zentimeter weniger als der Erfüllung zufrieden zu geben.
Es ist wirklich so einfach.
Und immer wenn ich davon erzähle und auch davon, was uns Menschen daran hindert Hingabe zu erfahren, entsteht im Gesprächspartner ein tieferes Verständnis.

Mit der Zeit nahmen diese Gespräche zu. Viele suchten ganz bewusst meine Nähe, um all das mitzuteilen, was man vor anderen eher verschweigt: Sorgen, Ängste, Minderwertigkeitsgefühle. Und immer ging es auch – so sehr der Schein nach außen etwas anderes vortäuschte – um unerfüllte Liebe, um Trauer und um die Wut, in der vermeintlich falschen Beziehung zu stecken oder immer wieder auf den Gleichen hereinzufallen oder aber erst gar nicht den Richtigen zu finden.
Neben beruflichen Ängsten und Sorgen ging es fast immer auch um die Sehnsucht nach einer wahren, tiefen Liebesbeziehung. Und nichts verblüffte meine Gesprächspartner so sehr, wie meine Frage, warum sie sich dann mit weniger zufrieden geben würden?
Diese Gespräche waren erstaunlicherweise keine einseitige Sache, denn jedes Mal geschah etwas Wunderbares: Ich selbst wurde beschenkt. Erfüllt von dem, was ich zu geben hatte und erfüllt

davon, dass es jemanden gab, der es annehmen konnte, begann ich immer selbstverständlicher meine Wahrheit zu leben.
Dabei hatte ich nie das Gefühl, dass ich es war, der dies alles sagte, der erkannte, in welchen Mustern mein Gegenüber gefangen war. Immer hatte ich das Gefühl, dass es einfach gesagt wurde, weil es wahr war. Ich konnte etwas geben, was jenseits von Worten lag.
Es gab einen Austausch zweier Seelen, man berührte sich tief im Inneren und wusste, dass dort die Wahrheit lag.
Als würde ich ein unsichtbares Plakat mit mir herumtragen, zog ich die Menschen an, die Gespräche häuften sich. Selbst bei Empfängen oder anderen offiziellen Anlässen fanden immer genau die Menschen den Platz neben mir, die mit brennenden Fragen nach einer Veränderung in ihrem Leben suchten. Das Ansehen der Person spielte dabei keine Rolle. In dem tiefen Wunsch nach Liebe sind sich alle Menschen gleich.
Nur manchmal suchten diejenigen, die im Rampenlicht der Öffentlichkeit standen, vielleicht wesentlich unerlöster nach Antworten, weil sie keine Ansprechpartner dafür hatten.
Die wichtigste Regel jedenfalls hatte ich gleich zu Anfang gelernt. Nie ungefragt Antworten zu geben, sondern zu warten, still und leise. Etwas, was jeden Werbefachmann zur Verzweiflung bringen müsste – es gab keine Werbung. Und dennoch nahmen diese Gespräche zu, Menschen reisten von Hamburg, Frankfurt oder Berlin zu mir, nur um mit mir zu sprechen. Anscheinend weiß die Seele, wo sie bekommt, was sie sucht. Anscheinend gibt es einen »intergalaktischen, unsichtbaren Werbefeldzug«.
Und stets reisten diese Menschen erfüllt und voller Hoffnung und in der Tiefe der Gefühle berührt wieder ab.
Alle haben wir diese gleiche Sehnsucht: die Sehnsucht nach Glück und Liebe. Und sie ist lebbar. Man muss sich nur dafür entscheiden. Und natürlich auch erkennen, was uns daran hindert, uns endlich *dafür* zu entscheiden. Wir entscheiden uns ständig. Dafür oder dagegen, jede Minute, auch jetzt in diesem Augenblick.

Mein Weg ist nur ein Weg von vielen. Es ist mein Weg. Und nur darüber kann ich schreiben und berichten. Doch die Wahrheit in meinen Worten kann etwas in dir berühren, sie kann lang vergessenes Wissen in dir zum Schwingen bringen, so dass deine eigene Wahrheit klarer hervortritt.

Glaube nur, was du tief in dir als Wahrheit empfindest.

Die große Sehnsucht,
den richtigen Partner zu finden

Wir alle haben eigentlich die gleiche große Sehnsucht: Einen Partner fürs Leben zu finden. Einen Partner, der ähnlich denkt und fühlt wie wir, der an unserer Seite steht und zu uns hält, der uns akzeptiert wie wir sind, mit all unseren Stärken und Schwächen, und der natürlich unsere Liebe erwidert. Also einen Partner, der uns entspricht.
Nicht selten treffen wir genau auf diesen Partner. Denn auch seine Sehnsucht ist genauso groß wie unsere. Also wird er genauso auf der Suche sein wie wir selbst.
Doch obwohl wir perfekt zueinander passen und füreinander bestimmt sind, verhindert irgendetwas, dass unsere Anziehungskräfte auch wirklich wirken können.
Dieses »Irgendetwas« sind wir selbst.
Denn trotz dieser tiefen Sehnsucht tun wir seltsamerweise unglaublich viel dafür, es auf keinen Fall zu einer derartigen Beziehung kommen zu lassen.

Welch raffinierte Möglichkeiten wir uns ausgedacht haben, um ein wirkliches Kennenlernen mit unserem wahren Partner zu verhindern, darauf werde ich in diesem Buch ausführlich eingehen. Und natürlich auch darauf, wie wir es schaffen können, unsere wahre Liebe endlich zuzulassen.

> **Du musst deinen Partner nicht finden,**
> **du musst nur bereit sein, ihn zuzulassen.**

Traurige Tatsache ist, dass, wenn der wundervolle Partner dann endlich vor uns steht, wir sehr oft alles tun, um ein tatsächliches Zusammenkommen zu boykottieren.
Doch warum tun wir das?

Und warum glauben so viele, trotz eines wunderbaren Partners, alleine dazustehen? Warum fühlen sich so viele in ihrer Beziehung einsam und verlassen? Warum fühlen sie sich durch den anderen so verletzt und gedemütigt?
Warum ist für viele die Beziehung eine Belastung und keine Erfüllung?
Warum befürchten wir, niemals den richtigen Partner zu finden?
Und vor allem, warum können wir ihn nicht halten?
Einige von uns sind vielleicht sogar schon längst mit dem richtigen Partner zusammen und können – oder wollen – es nur nicht sehen. Lieber leben sie den Schmerz der Trennung, auf den sie hinarbeiten, als den Schock der Liebe zuzulassen.
Warum tun wir das?
Oder aber, und das ist das, was zurzeit am meisten passiert, unsere große Liebe steht vor uns und wir sind nicht frei.

> **Wenn du mit jemandem zusammen bist,**
> **der nicht dein richtiger Partner ist,**
> **bist du nicht frei für deinen richtigen Partner.**

Heute werden Partner scheinbar wahllos konsumiert. Aus Lust, purem Zeitvertreib oder aus Angst, ansonsten für immer alleine bleiben zu müssen.

> **Viele von uns sind lieber einsam in einer Beziehung,**
> **die sich auf nichts bezieht,**
> **als auf ihren wahren Partner zu warten.**

Viele Menschen werden im Laufe der Zeit anklopfen. Auch solche, die nicht wirklich an einer Beziehung interessiert sind. Geschweige denn ein Leben mit uns verbringen wollen. Viele möchten nur das Glücksgefühl der Verliebtheit ausleben oder sich im Rausch der Sexualität verlieren, ohne an ihren Mustern oder ihrer Entwicklung arbeiten zu wollen.
Diese Menschen meinen gar nicht uns. Auch wenn wir es für eine Zeit lang glauben.

> Wenn du dich mit weniger zufrieden gibst,
> darfst du dich nicht wundern,
> wenn du auch nur weniger bekommst.

Die Erkenntnis, unsere wahre Liebe nicht wahrgenommen zu haben oder vielleicht nicht frei für sie gewesen zu sein, kann einen tiefen Schmerz hinterlassen.

Die verpasste Chance kann lange an uns nagen. Vielleicht ein ganzes Leben lang.

Eine tiefe, wahre Liebesbeziehung führen zu wollen ist eine Entscheidung. Fang an dich zu entscheiden.

Glücksregeln für die Liebe

Die folgenden Glücksregeln für die Liebe sind als Hilfe zur Klarheit und zum Wachstum für *uns selber* gedacht und sollten nicht dazu verwendet werden, Forderungen an den Partner zu stellen oder die Beziehung in das Korsett dieser Glücksregeln zu pressen.
Wir sollten also zu keinem Zeitpunkt den Fehler begehen, die folgenden Regeln von unserem Partner einzufordern oder ihm das Buch mit dem stillen Vorwurf zu schenken, wir hätten es ja schon immer gewusst.
Es ist *dein* Buch. Es sind *deine* Regeln. Sie können *dich* zu einer tiefen, wahren Liebesbeziehung führen. Aber nur, wenn du sie *für dich* anwendest.

> **Die Beziehung kannst du nur verändern,**
> **indem *du* dich veränderst.**

Wenn wir mit unserem Partner über das Buch oder verschiedene Kapitel reden möchten, dann sollten wir das tun, aber nur, weil wir uns mit seiner Hilfe besser erkennen möchten.
Sind wir offen und ehrlich, wird unser Partner vielleicht auch die Chance haben sich einzubringen. Wir dürfen aber niemals eine Forderung daraus machen. Sonst wollen wir nur Recht haben. Und Recht haben wollen vergrößert die Trennung.
Es ist also dein Buch und dein Wunsch nach einer erfüllten Partnerschaft. Mache daraus keine Waffe. Den Unterschied merkt man ziemlich schnell. Wenn man sich mit dem Partner beim Lesen des Buches im Streit befindet, wollte man sicherlich die Regeln für seinen Partner gültig sein lassen und weniger für sich selbst.

Glücksregel 1

Sex hilft nicht bei der Partnersuche

Für jetzt oder für immer?

Die meisten von uns wollen zwar einen Partner fürs Leben, suchen aber seltsamerweise zuerst nur auf der körperlichen Ebene. Dabei wissen wir, dass dies auf lange Sicht nicht genügen wird. Da zählen andere Werte. Wir kennen diese Werte, es sind diejenigen, die für uns eine grundlegende Bedeutung haben, und weil sie für uns so wichtig sind, kommt es unweigerlich zur Trennung, wenn sie sich zu stark unterscheiden. Und dann sind wir wieder da, wo wir eigentlich nicht sein wollten: Allein und um eine Enttäuschung reicher.

> Dabei war an deinem Partner nichts falsch,
> er war einfach nur nie der Richtige für dich.

Das haben wir natürlich vorher nicht gewusst.
Aber warum nicht?
Vielleicht, weil wir uns zu Beginn unserer Beziehung nicht wirklich dafür interessiert haben. Natürlich hatten wir nicht vorgehabt, eine weitere Enttäuschung zu erleben, im Gegenteil – wir wollten von ganzem Herzen, dass es diesmal klappt. Wir wollten nicht länger alleine sein.
Doch anscheinend ist oft genau dieser Wunsch nach Zweisamkeit so stark, dass wir über andere wichtige Dinge hinwegsehen. Wir erhalten nämlich immer das, was wir in unsere persönliche »Suchmaschine« eingeben, in diesem Fall: »Ich will nicht allein sein«. Dass die künftige Beziehung eigentlich auch ein Leben lang Bestand haben sollte, wusste die Suchmaschine nicht. Doch warum nicht?
Wonach haben wir wirklich gesucht? Nach einem Partner fürs Leben. Warum haben wir ihn dann nicht bekommen? Warum sind wir dann mit weniger zufrieden? Vielleicht haben wir unbewusst

doch nach etwas anderem gesucht. Nach etwas, was uns anfänglich als wesentlich wichtiger erschien.

Die Priorität lag vielleicht nicht auf: »Für immer«, sondern auf: »Jetzt!«

Vielleicht waren wir einfach nur glücklich, jemanden gefunden zu haben, der uns bewundert, begehrt und uns unsere Einsamkeit vergessen lässt. Vielleicht war da plötzlich jemand, der uns toll fand und unserer Seele schmeichelte. Durch seine Augen waren wir plötzlich wieder schön und jung und attraktiv und anziehend. Mit einem Mal bekamen wir wieder all das, was wir so lange entbehrt hatten: Bestätigung und Wertschätzung. Dieses Gefühl war so wundervoll, dass alles andere eben nicht mehr so wichtig schien.

Vielleicht hatten wir einfach Sehnsucht nach ein bisschen sinnlichem Körperempfinden. Vielleicht wollten wir auch nur wissen, ob wir immer noch attraktiv für das andere Geschlecht sind.

Gründe mag es unzählige gegeben haben, aber mit Sicherheit war das Hauptaugenmerk im Wesentlichen »nur« auf den wundervollen Moment des Erlebens ausgerichtet und nicht darauf, einen Partner fürs Leben zu finden. Das ist an sich nichts Schlechtes. Man hatte so womöglich eine heiße, heftige Affäre oder eine liebevolle, sanfte Kuschelpartie, die aber zwangsläufig zu einem Ende kam, sobald die körperliche Faszination wieder nachließ und klar wurde, welch große Unterschiede zwischen beiden bestanden. Die Trennung war vorprogrammiert und es hat keinen Sinn, sich deswegen Vorwürfe zu machen oder sich gar über den Ex-Partner zu beschweren. Man hat nämlich genau das bekommen, was man tatsächlich gesucht hatte. Auch wenn man es nicht wahrhaben will, die Lieferung war prompt und richtig, nur die Bestellung war womöglich falsch. Oder ungenau.

Wenn man also einen Schuldigen sucht, weiß man jetzt jedenfalls, wo man ihn finden kann. Richtig. Bei sich selbst.

> **Es ist dein Leben, das du gestaltest.**
> **Wer sonst sollte dafür verantwortlich sein?**

Wir sollten also nicht enttäuscht sein, wenn wir wieder einmal dort stehen, wo wir schon einmal begonnen hatten: Auf der Suche nach einem Partner, der uns entsprechen könnte.
Nur, genau genommen stehen wir gar nicht wieder am Start, sondern eine Stufe tiefer. Denn jetzt sind wir um eine weitere Verletzung reicher. Wir fühlen uns benutzt und minderwertig. Was uns nach der kleinen Karussellfahrt nach wie vor geblieben ist, ist unsere Einsamkeit.

> **Was es wert ist zu haben,
> ist es wert, darauf zu warten!**
> (Marylin Monroe)

Hätten wir unseren künftigen Partner von Anfang an, also lange bevor wir uns auf ihn eingelassen haben, genauer angesehen, seine seelischen Anteile, seine inneren Werte, seine Denkweise und natürlich auch seine Herkunft, so hätten wir die Chancenlosigkeit einer längeren Partnerschaft vermutlich schon damals erkennen können und die Finger von ihm gelassen.
Aber das haben wir nicht getan. Und dafür muss es einen Grund gegeben haben.
Vielleicht haben wir beim Warten auf die »Lieferung« einfach der Zukunft nicht mehr getraut. Vielleicht haben wir geglaubt, dass nichts Besseres mehr nachkommt. Zumindest nicht für uns.
Vielleicht glauben wir tief in uns, dass uns nichts Besseres zusteht und sind daher bereits mit dem Erstbesten zufrieden. Aber das stimmt nicht. Die Wahrheit sieht ganz anders aus.

Dir steht immer das zu, was du glaubst, dass dir zusteht.

Wir bestimmen unser Leben. Wir ganz alleine. Entweder wir begrenzen uns und sind mit wenig zufrieden oder aber wir fühlen uns frei und sind bereit, nur das Beste zu empfangen.
Wenn wir wirklich nur das Beste für unser Leben wollen, gilt es jedoch einige Entscheidungen zu treffen. Die erste ist, dass wir künftig nur noch danach suchen, was wir auch wirklich wollen.

Also, was möchtest du wirklich? Einen Partner fürs Leben? Dann lass uns genau *danach* Ausschau halten – und nach nichts Geringerem!

> Für die meisten von uns ist die Wahl eines Partners wie das Herumtappen im Dunkeln. Es macht Spaß, bis das Licht angeht.
>
> (Ron Smothermon)

Sex schafft Bindungen

Wenn wir es diesmal wirklich ernst meinen, sollten wir der Partnerwahl mit einem ganz anderen Anspruch begegnen, anstatt nur dem Lustprinzip zu folgen. Auf der Suche nach dem Partner fürs Leben ist Sex nämlich erst einmal zweitrangig. Auch wenn er später noch enorm wichtig werden wird. Aber eben erst später.

Meistens drehen wir jedoch die Reihenfolge um und wundern uns, warum wir uns so schwer wieder lösen können.

Sex wird völlig unterschätzt und nur zur Befriedigung der Sinne benutzt. Aber Körperlichkeit schafft Begehrlichkeiten und Abhängigkeiten. Auch unerwünschte. Wir verbinden uns mit einer zweiten Person, werden Eins mit ihr, noch bevor wir wissen, wer sie wirklich ist, was sie mit uns vorhat und welche Überraschungen auf uns warten. Wollen wir das wirklich? Auch wenn es nicht der Richtige ist? Die dabei entstehende Bindung bleibt! Und hängt uns lange nach! Auch wenn wir unsere Meinung längst geändert haben und eigene Wege gehen möchten.

Sex macht Spaß, ohne Frage, aber Sex hilft nicht bei der Partnersuche, sondern nur bei der anschließenden Partnerbindung. Beim Sex entsteht immer eine tiefere Bindung.

In vielen Kulturen und Religionen werden die Partner nach der Eheschließung oder einer vergleichbaren Zeremonie aufgefordert, die Ehe nun auch zu vollziehen. Seit Jahrhunderten wissen wir, dass die körperliche Vereinigung Mann und Frau zu einem Paar werden lässt.

Inzwischen hat man sogar herausgefunden, dass Frauen beim Orgasmus ein eigenes Sexualhormon ausschütten, Oxytocin. Dieses Hormon

sorgt dafür, dass zu dem Geliebten fortan eine sehr enge Bindung entsteht. Es ist der reinste Klebstoff für die Beziehung. Ob die Frau es will oder nicht, dieses Hormon wirkt auf die Psyche und fesselt an den Bettgenossen. Selbst wenn sie die körperliche Nähe gar nicht mehr haben möchte.
Eine rein freundschaftliche Beziehung lässt sich leichter wieder lösen, die körperliche Vereinigung aber schmiedet zwei Menschen zu einem Paar zusammen.

Der sexuelle Akt schafft immer Bindung.

Diese Bindung lässt sich ein ganzes Leben lang nicht mehr wirklich auflösen. Ist es der Falsche, bin ich an den Falschen gebunden. So einfach ist das. Der Falsche bleibt aber immer der Falsche, da hilft kein Schönreden oder -denken. Was nützt es mir, nicht mehr alleine zu sein und trotzdem tief im Herzen einsam zu bleiben?

An den falschen Partner gebunden zu sein macht dich einsamer, als du alleine je wärst.

Ist man mit dem Falschen zusammen, selbst wenn auch nur für kurze Zeit, ist man nicht frei für den »Richtigen«. Aber was heißt »kurz«? Immer wieder kurz ergibt nämlich auch lang. Und »immer wieder« bedeutet eine Ansammlung von Verletzungen und Zurückweisungen, bis man irgendwann wirklich glaubt, beziehungsunfähig zu sein.
Gehen wir jedenfalls öfters so vor, sammeln wir auf diese Weise ganz viele verschiedene Bindungen und Verletzungen. Unsere Lebensfreude nimmt immer mehr ab. Nicht zu. Auch wenn wir dies vielleicht nicht so sehen wollen. Denn mit jeder nicht erwiderten Hingabe, mit jeder enttäuschten Hoffnung, mit jeder verletzenden Trennung verlieren wir uns selbst ein kleines Stück.
Bevor man also überhaupt in Erwägung zieht mit jemandem ins Bett zu gehen und sich mit ihm zu vereinen, sollte man erst einmal herausfinden, ob man sich überhaupt vereinen will – oder nur gegenseitig konsumieren?

Dabei sollte man die Kraft der Sexualität nicht unterschätzen. Stimmen nämlich die wesentlichsten Elemente mit dem Partner überein, denkt und fühlt man gleich, dann gibt es eine tiefe Verbundenheit, Nähe und Vertrauen. Dann kann man sich endlich fallen lassen und alle Masken ablegen. Man muss nichts mehr beweisen. Man kann sich bedingungslos hingeben.

> **Bedingungslose Hingabe ist die mächtigste und intensivste sexuelle Erfahrung, die du jemals haben kannst.**

Wenn man einmal im Leben diese Erfahrung gemacht hat, erkennt man, dass alles andere im Vergleich dazu nur eine lächerliche Turnübung ist.
Anders gesagt, es ist einfach wesentlich schöner und aufregender, jemanden im Bett zu haben, den man liebt, mit dem man verschmilzt, auf den man sich verlassen kann und dem man sich wirklich bedingungslos hingeben möchte, als einfach nur eine Leistungsnummer abzuliefern. Das hinterlässt nur Leere und tiefe Einsamkeit.
Den Richtigen finden wir jedenfalls nicht, wenn wir sofort mit jemandem ins Bett springen, ein paar Orgasmen haben und durch dieses Auswahlverfahren glauben, Tiefe und Wahrhaftigkeit zu erleben.
Liebe wäre dann nur eine Frage der Technik, der sexuellen Hemmungslosigkeit oder der Bereitschaft des anderen, sich unseren sinnlichen Wünschen unterzuordnen.
Sex hilft nicht bei der Partnerwahl. Sonst würde die Person, die uns am besten befriedigt, unser Partner für das ganze Leben sein.
Dass dem aber nicht so ist, haben wir bestimmt schon oft genug am eigenen Leib erfahren dürfen.
Wollen wir endlich den Kreislauf der Enttäuschungen verlassen, gibt es nur eins: Sich Zeit zu lassen.
Einen anderen Menschen kennen zu lernen, sich ihm anzunähern und trotzdem sich selbst treu zu bleiben – auf diese Weise kann sich unser Wesen in seiner ganzen Fülle entfalten.

Wer ist der (die) Richtige?

Sich Zeit zu lassen, bedeutet nicht, kein Interesse zu zeigen oder alles in der Schwebe zu halten. Im Gegenteil. Man interessiert sich. Sehr sogar. Man will immer mehr von seinem möglichen künftigen Partner kennen lernen. Man will wissen, ob die eigene Wahl auch wirklich die richtige ist. Ob man überhaupt zusammen passt, bevor man sich ihm hingibt.

Man sollte also viel Zeit miteinander verbringen. Dabei merkt man am deutlichsten, ob man auch außerhalb des Bettes mit dem anderen zusammen sein will. Hat man sich darüber hinaus überhaupt etwas zu sagen?

Gibt es, außer dem Wunsch nicht alleine zu bleiben, noch weitere Gemeinsamkeiten? Denkt man gleich, fühlt man gleich? Hat man den gleichen Lebensrhythmus? Versteht man das Gleiche unter Treue und Intimität. Welche Erfahrungen, Wünsche und Sehnsüchte bringt jeder mit ein?

Möchte unser künftiger Partner seine Zukunft genauso gestalten wie wir selbst?

Wie geht er mit seinen Gefühlen um, teilt er sich mit, kann er zuhören?

Wir sollten auch nicht vergessen, uns seine Schattenseiten zu betrachten. Jeder hat welche. Können wir mit ihnen umgehen?

Und vertrauen wir ihm? Auch in den Momenten, wo wir schwach sind?

In jeder Partnerschaft kommen auch Zeiten, wo wir nackt und schutzlos sind. All unser über die Jahre angehäufter Seelenmüll wird früher oder später hochschwappen. Dann brauchen wir jemanden an unserer Seite, der uns Verständnis und Geborgenheit entgegenbringt. Und uns die Sicherheit bietet, nicht sofort verlassen oder ausgetauscht zu werden. Haben wir das Gefühl, wir könnten uns ihm so zeigen?

Und ... meint er wirklich uns? Sind wir etwas Besonderes für ihn? Sind wir kostbar und einmalig? Wenn man viel Zeit miteinander verbringt und wenn man sich wirklich ergänzt, entsteht aus der ersten

Verliebtheit Nähe und tiefe Zusammengehörigkeit. Man sieht sein Gegenüber immer mehr als einen Teil von sich, als wundervolle Ergänzung seiner eigenen Persönlichkeit.

Entdecke dich durch ihn.

Wir sollten auch seine Familie kennen lernen und ihm unsere eigene vorstellen. Dort lernen wir ungeheuer viel über ihn. Wir sehen wie er aufgewachsen ist und was Familie für ihn bedeutet. All das hat er für das Leben mitbekommen. All das kann er künftig in unsere kleine Familie einbringen.
Sieh es dir genau an. Und wenn du es wirklich ernst meinst, wirst du mit seiner Familie mehr zu tun haben, als du jetzt glaubst.

Man sollte sich aber auch selbst genau betrachten. Ist dies wirklich der Partner, mit dem man zusammen sein will? Oder ist es nur die Angst, ohne ihn wieder alleine zu sein?
Ist man durch ihn mehr oder weniger? Wird durch ihn alles leichter oder schwerer? Ist er eine Ergänzung oder Belastung?
Sucht er einen Partner fürs Leben, oder nur einen für den Moment?
Wenn man nicht das Gefühl hat, dass er unser »Seelenpartner« ist, sollte man die Finger von ihm lassen. Das Ende ist sonst bereits vorprogrammiert.

**Im Bett mit dem Falschen ist eine
emotional teure Angelegenheit.**

Je öfter wir uns mit weniger zufrieden geben, umso unzufriedener werden wir. Weil wir uns nicht die Chance einer großen Liebe zugestehen.
Wir waren uns nicht mehr wert. Aber das Schlimmste wird sein, dass wir ständig das Gefühl haben werden, unser wahrer Seelenpartner hätte uns verpasst, weil wir nicht auf ihn gewartet haben.
Es mag der wundervollste Mensch sein, aber wenn ihr nicht zusam-

men passt, wird es für euch beide die Hölle. Dann behindert ihr euch nur gegenseitig und verhindert das Zusammenkommen mit dem wahren Seelenpartner.

Glücksregel 2

Sei ehrlich zu dir selbst

Die Liste – Bestandsaufnahme

Dieses Mittel kann uns zum einen helfen, unsere bestehende Beziehung zu durchleuchten und die Möglichkeit schaffen, sie nach unseren Wünschen zu ändern. Zum anderen kann sie uns helfen, wenn wir momentan frei sind, genau den Partner anzuziehen, der unseren Vorstellungen entspricht.

Aber dazu sollten wir natürlich erst einmal wissen, welche Vorstellungen wir wirklich haben. Und vor allem, ob wir tatsächlich bereit sind, all unsere Vorstellungen in die Beziehung einzubringen.

Das geht am besten mit der nachfolgenden Liste. Sie hilft uns dabei in folgenden Punkten.

1. Sie ist so etwas wie eine Wunschliste. Alles was man in der Beziehung verwirklicht wissen möchte, wird man dort wiederfinden. Also alle *bewussten* Wünsche und Sehnsüchte.

2. Darüber hinaus hilft sie aber auch, uns über unsere *unbewussten* Wünsche klar zu werden. Sie zeigt uns nämlich nicht nur, wo wir uns gerade befinden, sondern vor allem *warum* wir uns da befinden, wo wir jetzt gerade sind. Sie ist also so etwas, wie unsere seelische Landkarte.

3. Das Wesentlichste an der Liste aber ist der dritte Aspekt: die Bestandsaufnahme. Sie offenbart uns, wie tief und ehrlich unsere Bereitschaft, eine wahrhafte Liebesbeziehung einzugehen, in Wirklichkeit ist. Gleichzeitig offenbart sie uns aber auch, mit was wir uns überraschenderweise dann tatsächlich zufrieden geben wollen. Je aufrichtiger unsere Liste also wird, desto schneller und genauer können wir unseren wahren Zustand erkennen und werden uns unserem gewünschten Ziel nähern.

Wie sieht so eine Liste nun aus? Ganz einfach. Man macht zunächst einmal zwei Spalten. In die eine schreiben wir hinein, was wir alles in

der Partnerschaft vorzufinden wünschen und was der Partner daher alles mitbringen soll. In die andere Rubrik schreiben wir, was wir alles bereit sind anzubieten, also das, was wir glauben, selbst geben zu können.
Befindet man sich momentan in einer angehenden oder bereits bestehenden Beziehung, macht man eine dritte Spalte. In die schreibt man, was die Partnerschaft einem zur Zeit tatsächlich alles gibt. Dies ist also die Habenseite.

Was ich mir in meiner Beziehung wünsche

Die Wünsche und Vorstellungen, die man gerne in seiner Beziehung realisiert haben möchte, scheinen sicherlich auf der Hand zu liegen. Auf den ersten Blick also eine scheinbar einfache Aufgabe. Warum sie aber dennoch einen kleinen Haken hat, werden wir später noch genauer betrachten.

Was ist nun deine Vorstellungen von einer wunderbaren Beziehung? Sei dabei absolut ehrlich. Du brauchst die Liste niemandem zu zeigen. Du kannst sie heimlich machen. Nur für dich Du brauchst sie nicht preiszugeben. Zumindest nicht, solange du dazu nicht bereit bist. Jetzt geht es erst einmal nur darum, ganz offen und ehrlich zu dir selbst zu sein. Hauptsache du tust es! Egal, wie unmöglich, intim oder peinlich es dir erscheint.

> **Denn wenn du selbst dich schon begrenzt,
> was wird dann erst das Leben mit dir machen?**

Also, fang an mit deinen Wünschen! Vergiss das artige Mädchen, den angepassten Jungen, vergiss was deine Mutter sagen würde, wenn sie deine Liste lesen könnte oder dein Freund, Partner, Kumpel, Vater… Es ist deine Liste und nur du liest sie. Und wenn du willst, kannst du sie anschließend auch sofort wieder vernichten.
Die Liste kann kurz oder lang sein, lass dir Zeit, wir werden sie sowieso in den nächsten Tagen oder Wochen immer wieder ändern,

vervollständigen oder sogar neu schreiben. Denn je genauer und detaillierter sie wird, umso klarer wird uns unsere Vorstellung von unserer Beziehung werden.

Mit dieser Liste definierst du deinen ganz persönlichen Rahmen, in dem alles stattfinden soll.

Also, was bedeutet eine gute Beziehung für dich? Was erwartest du von ihr? Was möchtest du dort erleben?
Genügend guten Sex, Sicherheiten, ruhig einschlafen, vielleicht im Löffelchen, mit einem Lächeln aufwachen, Harmonie, zwei, drei, vier Kinder, geliebt werden, deine Ruhe haben, gekitzelt werden, prickelnde Abenteuerurlaube, eine liebevolle Mutter oder einen umsorgenden Vater für deine Kinder, viel reisen, Überraschungen, oft Ausgehen, tanzen bis zum Morgengrauen, Verbundenheit, Treue, begehrt werden, viel lachen, Tantra, kochen und nie abspülen, wieder Kind sein dürfen, ein Trampolin im Haus, deine Eltern zufrieden stellen, nicht zuviel Sex, die Füße massiert bekommen, auf keinen Fall kochen müssen, Frühstück ans Bett, Blumen, Aufmerksamkeiten, deinen Geburtstag wichtig nehmen, in der Badewanne gefüttert werden, absolute Ehrlichkeit …
Schreib alles auf, was dir in den Sinn kommt. Auch wenn es dir noch so belanglos vorkommt. Hätte es nämlich keine Bedeutung, würde es dir nicht jetzt einfallen. Schreib einfach mal drauf los. Aus dem Bauch heraus. Ohne dich zu begrenzen oder zu kontrollieren.

Das ist sie also nun, deine Wunschliste. Das alles soll in deiner Beziehung stattfinden. Was immer dir eingefallen ist, liegt nun genau vor dir.
Sieh dir einmal die Reihenfolge an. Was kommt als Erstes? Und was findet erst weiter hinten Beachtung? Und stimmt das so? Wenn du zum Beispiel meinst, dass manche Dinge, die weiter hinten stehen, etwas mehr nach vorne gehören, wie ist das dann im wirklichen Leben? Steht dort vielleicht auch etwas Wichtiges hinten? Vielleicht hast du sogar etwas Wichtiges noch gar nicht aufgeschrieben, weil

du dich nicht traust. Es soll aber »eigentlich« auch in der Beziehung stattfinden, also, dann schreib es hin. Verschlüssle es, wenn du willst, kürze es ab, mach es unleserlich, aber schreib es hin. Auch wenn du meinst, es stehe dir nicht zu, es sei zu intim oder nicht wirklich »normal«. Schreib es hin!

Und schau dir die Liste immer wieder an, mach dich mit ihr vertraut. Es sind deine Wünsche.

Hoffentlich stehen dort auch ganz viele »unmögliche« Dinge. Dinge, für die du dich sonst schämen würdest. Denn eins ist klar, mit dem richtigen Partner schämt man sich bestimmt nicht sie gemeinsam auszuleben. Hat man jedenfalls einen Wunsch und lebt ihn nicht aus und steht nicht dazu, darf dieser Anteil in der Beziehung nicht stattfinden. Dann hat man aber eine Partnerschaft, in der man nicht zur Gänze stattfinden kann.

Diese Wunschliste ist ein laufender Prozess. Was immer dir in den nächsten Tagen noch einfällt kannst du hinzufügen.

Aber wie immer gibt es auch hier eine Kehrseite der Medaille: Alles was man in der Beziehung haben möchte, muss man auch selbst hineingeben. Denn Geben und Nehmen hält sich die Waage.

Man will bestimmt auch nicht mit jemandem zusammen sein, der nur einfordert, aber selbst nichts zu bieten hat. Nur Forderungen stellen hört sich also nicht gerade sexy an. Was man haben will, muss man auch bereit sein zu geben. Und das ist sicherlich schon weniger einfach.

Die große Frage ist also, und damit werden wir uns jetzt ausführlicher beschäftigen, was bist du bereit, in eine Beziehung einzubringen?

Was ich bereit bin, selbst einzubringen

Die zweite Spalte korrespondiert sehr eng mit der ersten. In diese Rubrik schreiben wir, was wir glauben, in einer Beziehung anbieten zu können.

Das ist sicherlich ganz ähnlich dem, was wir uns selber auch wünschen. Steht bei uns zum Beispiel in der ersten Spalte der Wunsch »Treue«, muss man davon ausgehen, das Treue uns wichtig ist und wir bestimmt auch treu sein wollen. Andernfalls wäre die Forderung nach Treue ein bisschen lächerlich.

Oder möchte man zum Beispiel, dass der künftige Partner immer ehrlich zu uns ist, so steht bei uns vielleicht in der linken Spalte – *Absolute Ehrlichkeit*. Das ist also das, was wir von unserem Partner erwarten. Mit weniger sind wir nicht zufrieden. Kein Schwindeln, kein Verschweigen, keine Untreue, keine Lügen, kein Zurückhalten, kein Hintergehen und auch keine Geheimnisse.

So weit so gut. Aber was man fordert, muss man auch selbst einbringen.

Also sollten wir jetzt auf die rechte Seite auch die Wörter – *Absolute Ehrlichkeit* schreiben. Das ist das, was wir selbst einbringen. Also kein Schwindeln, kein Verschweigen, keine Untreue, keine Lügen, kein Zurückhalten, kein Hintergehen und auch keine Geheimnisse. Entspricht das dem, wie du dich selbst siehst?

Es ist deine Forderung an dich selbst.

Denn wenn man es selbst nicht kann, aber fordert, fühlt sich der Partner übervorteilt.

Vielleicht ist es ja auch eher ein vor dir gewünschtes Ziel. Dann sollte man es besser anders formulieren. »Das Ziel in meiner Beziehung sollte absolute Ehrlichkeit sein. Das ist es, was ich mit Hilfe meiner Beziehung verwirklichen möchte. Auf diese Grundlage einer Partnerschaft möchte ich hinarbeiten.« Nun sollte man aber auch noch die linke Seite ausbessern. Dort müsste man nun ebenfalls hineinschreiben: »Eines der Hauptziele unserer Beziehung sollte die Verwirklichung von absoluter Ehrlichkeit sein.«

Zum einen hat die künftige Beziehung eine Aufgabe, einen tieferen Sinn, zum anderen ist der Partner uns ebenbürtig. Er wird den gleichen Wunsch haben wie wir und an sich arbeiten wollen. Es wird nicht immer funktionieren, aber es wird eine der Säulen in der Beziehung sein. Beide Partner werden in diesem Punkt reifen und erwachsen werden.

Beide wissen, worum es geht und woran sie arbeiten wollen. Man wird nicht immer perfekt sein, das ist absolut in Ordnung, aber man erwartet auch nicht, dass der Partner es ist.

Dann lass uns doch jetzt mal mit der zweiten Spalte anfangen. Was alles bist du bereit, auch wirklich in die Beziehung einzubringen?
Betrachte nun einmal beide Spalten ohne voreilige Schlüsse zu ziehen. Ist Geben und Nehmen ausgeglichen oder überwiegt eine Seite? Verlangst du mehr, als du bereit bist zu investieren? Oder willst du selbstlos geben, ohne selbst zu partizipieren? In beiden Fällen eine Schieflage, die Sprengkraft birgt und für eine wahre und tiefe Liebesbeziehung nicht förderlich ist.
Interessant an der Liste ist auch, ob Geben und Nehmen harmonisieren. Wenn man all das, was man will, auch geben kann, ist man im Fluss und wird eine ausgeglichene Beziehung haben. Zumindest in diesen Punkten.
An manchen Stellen wird der Inhalt der beiden Rubriken aber nicht übereinstimmen. Vielleicht besitzt man etwas, das man einfach nur gerne gibt. Dann braucht man aber einen Partner, der in diesem Bereich uneingeschränkt nehmen kann. Ohne Abnehmer nützt einem sein Angebot nämlich nichts. Dann sollte dies links ebenfalls auf die Wunschliste.
Darüber hinaus sollte man sich auf jeden Fall intensiver prüfen, ob ausschließliches Geben einem auch wirklich reicht oder ob man nicht stillschweigend doch das Gleiche von seinem Partner zurückerwartet. Oder ob nicht vielleicht als Ausgleich in einem anderen Bereich eine stille Forderung von uns liegt, z.B. »Ich möchte schon, dass das, was ich tue, auch anerkannt wird.« Dann gehört diese ebenfalls auf die linke Seite.
Es gibt auch sicherlich Qualitäten, die wir noch nicht entwickelt haben, aber gerne haben möchten, also Dinge in unserer Wunschliste, die wir in der rechten Spalte nicht wiederfinden. Wir haben zwar den Wunsch danach, können es aber nicht selber einbringen. Dann würde das ein Bereich in der Beziehung werden, in dem Entwicklung gefordert ist. Und zwar unsere Entwicklung. Wir werden diesen

Bereich bei uns ausbilden müssen. Die Partnerschaft wird uns hierbei helfen. Manchmal ist dies nicht immer ganz leicht, Entwicklung und Transformation sind eben nicht immer leicht. Aber...

> Wenn du das Gleis kennst, auf dem du dich bewegst,
> kennst du das Ziel, dem du entgegeneilst.

Und das macht die ganze Sache wesentlich angenehmer. Wir wissen, wofür es sich zu kämpfen lohnt.
Je ehrlicher wir jedenfalls mit unserer Liste umgehen und je besser wir uns wirklich einschätzen können, desto schneller wird unsere Entwicklung in der gewünschten Richtung sein.
Aber nicht weil wir sagen, das will ich haben, her damit, sondern weil wir verstehen, in welche Richtung wir uns noch entwickeln müssen. Wir wünschen uns dann einen Partner, der uns bei dieser Entwicklung begleitet.
Und wenn es uns wirklich ernst ist, werden wir sehr schnell dieses Ziel in unserer Partnerschaft erreicht haben. Nicht, weil wir fordern und einklagen, sondern weil wir bereit sind, Entwicklung zuzulassen.
Im nächsten Kapitel befassen wir uns mit diesem Thema noch ausführlicher.

Beim genaueren Vergleich der Spalten erkennen wir nun auch, ob wir zum Beispiel überhaupt bereit sind, all die »unmöglichen« Dinge, die in unserer Wunschliste sind, auch wirklich zu leben und sie als Angebot einzubringen.
Wir erinnern uns, das sind die Dinge, für die wir uns normalerweise schämen würden und die eigentlich keiner wissen soll. Dennoch sind es Sehnsüchte von uns. Je heimlicher, desto intensiver. Wenn diese Sehnsüchte nun nicht in der rechten Spalte zu finden sind, bringen wir sie auch nicht in die Beziehung mit ein.
Aber warum bringen wir sie nicht ein? Was hindert uns noch daran? Was begrenzt uns?

Wer in dir glaubt, dass dir so etwas nicht zusteht?
Oder genauer gefragt, welche Person in dir glaubt, dass dir so etwas nicht zusteht? Wessen Meinung vertrittst du in Wahrheit? Wer hat dir dies gesagt? Wessen Verbot ist es?
Du musst nicht sofort eine Antwort darauf wissen. Erlaube dir den Luxus auch einmal keine Antwort zu finden. Lass die Fragen einfach so stehen. Denn manche Fragen kann der Verstand nicht beantworten. Für viele Fragen ist er nicht zuständig. Meist will er diese Art von Antworten sogar eher verhindern. Aber Fragen finden ihre Antworten oft selbstständig.
Selbst wenn du jetzt nichts verstehst, versuche nicht nachzugrübeln. Vertraue einfach darauf, dass Fragen sich immer beantworten werden.

Was ich in meiner Beziehung habe

Nun kommen wir zu der Spalte für die bereits bestehende Partnerschaft. Dabei betrachten wir unsere Beziehung einmal aus einem anderen Blickwinkel. Wir machen eine kurze Bestandsaufnahme, einen Kassensturz.
Welche Hoffnungen erfüllen sich und welche nicht? Was bekommst du von deiner Beziehung?

Was ich mir in meiner Beziehung wünsche	*Was ich bereit bin, selbst einzubringen*	*Was ich in meiner Beziehung habe*

Nun, in der ersten Spalte stehen unsere Vorstellungen von unserer Idealbeziehung. Diese Spalte dürfte mittlerweile ziemlich angewachsen sein.

Aber wie sieht es nun rechts, auf unserer Habenseite, aus?
Wo haben wir weniger? Wo mehr? Ist die dritte Spalte genauso lang wie die erste? Oder gibt es eine kleine Schieflage?

Bekommen wir vieles von dem, was wir uns erhoffen und ersehnen? Ist die Beziehung das, was wir uns vorgestellt haben? Wenn nicht, werden zumindest die wesentlichsten Eckpfeiler erfüllt?
Es kann auch sein, dass wir vielleicht etwas anderes, ganz Wesentliches stattdessen bekommen?
Vielleicht fällt uns auch jetzt noch etwas anderes auf. Vielleicht gibt es sogar mehr zusammenführende als trennende Faktoren. Wir haben es bisher nur nie bemerkt.
Oft ist es nämlich so, dass von zehn Dingen neun wundervoll passen, wir aber immer nur auf den einen wunden Punkt starren und darauf herumhacken. Natürlich wird dann der Mangel an Bedeutung gewinnen und alles Wunderbare sich immer mehr verlieren. Betrachten wir eben immer nur das, was uns nicht behagt, wird uns irgendwann die ganze Beziehung nicht mehr behagen.

> **Der ständige Blick auf deinen Mangel**
> **verstellt dir den Blick auf deinen Reichtum.**

Besitzt man zum Beispiel ein Auto, das viele Vorzüge miteinander vereint, nur leider einen zu kleinen Kofferraum hat, kann man mit dem Wagen glücklich werden oder an diesem einen Detail scheitern. Man kann sich so lange darüber ärgern, bis der ganze Wagen einem nicht mehr gefällt. Der Wagen war immer der gleiche, mit all seinen unzähligen Vorteilen. Man hat nur seine Vorzüge nicht zu schätzen gewusst. Vielleicht aber hatte der Wagen eine Lernaufgabe für einen. Vielleicht schleppt man einfach immer zuviel Gepäck mit sich herum. Aber man war nicht bereit sich zu ändern, lieber hat man den Wagen aufgegeben.

Vielleicht sieht man grundsätzlich zu viel auf das Negative. Und vielleicht fallen einem durch die Liste nun die wesentlichsten Merkmale der Zusammengehörigkeit auf. Vielleicht sind es sogar ziemlich viele und man hat immer nur auf das wenige Trennende gestarrt. Vielleicht hat man das Verbindende nicht annehmen wollen, aus Angst, dass es nicht so bleiben könnte.
Der Blick auf das Negative ist nämlich so eine Sache. Oft können wir das Schöne gar nicht genießen, in Erwartung, dass das Schlechte eintreten wird.

> **Betrachte das, was du hast.**
> **nicht das, was du nicht hast.**

Man sollte sich auf die Eigenschaften, die der Beziehung Kraft geben, konzentrieren und auf das sehen, was einen zusammenführt. Dies stärkt die Partnerschaft und lässt die wesentlichen Elemente größer und machtvoller werden. Die trennenden Merkmale werden sich fügen, immer unbedeutender und kleiner werden und irgendwann keine Rolle mehr spielen. Weil man anderes, Wichtigeres auf der »Spielwiese« des Zusammenseins gefunden hat.
Was aber, wenn wir nun feststellen, dass auf der rechten Seite nur sehr wenig von dem zu finden ist, was wir uns in unserer Beziehung wünschen würden? Dann sollten wir uns fragen, warum das so ist. Warum haben wir einen Partner angezogen, der nicht unseren bewussten Erwartungen entspricht? Wie steht es also mit unseren unbewussten Gedanken? Wenn wir uns ganz offensichtlich etwas anderes wünschen, warum sind wir dann zusammengekommen? Und was hält uns in dieser Beziehung, in der wir eigentlich nicht sein wollen? Vermutlich ist es etwas sehr Wesentliches. Sonst wären wir doch längst fort. Vielleicht wiegt ein einziger Punkt unsere ganze, scheinbar trennende Liste auf. Vielleicht sollten wir nach diesem Punkt suchen. Irgendwo muss dort stehen, warum wir in der Beziehung sind.
Vielleicht haben wir in unserer Wunschliste etwas Wesentliches vergessen. Etwas, das genügend Kraft besitzt, uns in der Partnerschaft zu halten.

Es kann auch sein, dass wir uns aus Verlustangst oder Minderwertigkeitsgefühlen mit weniger zufrieden geben. Oder eines unserer wesentlichsten Muster korrespondiert mit denen unseres Partners und bindet uns auf diese Weise an ihn. Vielleicht gibt es eine innerliche Schuld, die wir glauben abtragen zu müssen, oder unser Partner steht stellvertretend für unseren Vater oder unsere Mutter. Vielleicht sind uns finanzielle Sicherheit oder ein umsorgender Vater für unsere Kinder wichtiger als Nähe, Verbundenheit und Liebe. Wir sollten einfach nur betrachten, was ist. Ohne es zu beurteilen. Vielleicht brauchen wir tatsächlich finanzielle Sicherheit, um uns überhaupt öffnen zu können. Vielleicht würden beklemmende Überlebenskämpfe uns die letzte Kraft rauben.

Du hast immer den Partner, den du wirklich willst.

Wäre es nicht so, wären wir bereits über alle Berge. Alles hat einen tiefen Sinn in unserem Leben.
Wenn die Beziehung, die wir haben, nicht unseren bewussten Wünschen entspricht, sagt dies jedenfalls in erster Linie etwas über uns aus.
Also keine Sorgenfalten, denn selbst wenn wir mehr trennende als verbindende Faktoren finden, muss es dennoch etwas geben, das uns zusammenhält. Wir haben genau die Beziehung, die wir für unsere Entwicklung brauchen und zu der wir fähig sind. Sonst hätten wir eine andere. Wenn wir also nicht die Beziehung haben, die wir haben wollen, ist dies weder gut noch schlecht. Es ist jenseits aller Bewertungen. Es ist schlichtweg genau die Erfahrung, die wir machen wollen, damit unsere Entwicklung weiter vorangeht.
Also sollten wir herausfinden, warum wir in dieser vermeintlich ungeliebten Partnerschaft verbleiben wollen. Es kann hierfür viele Gründe geben, auch gute Gründe. Wir fangen keine Beziehung bei Null an.
Deswegen ist es so wichtig, dass wir erkennen, wo wir uns gerade befinden. Je klarer uns unsere Lage wird, umso eindeutiger können wir die richtigen Fragen stellen. Die Liste hilft uns bei dieser

Bestandsaufnahme. Sie ist das beste Hilfsmittel, um dich dir selbst vor Augen zu führen

Du zeigst dich dir selbst.

Dabei ist es nur notwendig, den Fokus etwas zu verändern und neu auszurichten. Die Antworten liegen nämlich nicht bei unserem Partner, sondern nur bei uns selbst.
Stelle dir einfach immer wieder die Fragen: »Warum bin ich mit diesem Partner zusammen? Was ist der tiefere Sinn? Welche Erfahrung möchte ich machen? Ist diese Erfahrung älter als die Beziehung? Kenne ich diese Emotion schon von früher?«
Die Antwort wird kommen. Morgen, übermorgen, nächste Woche. Wir sollten einfach offen für die Antwort sein. Die Antwort wird kommen, solange wir uns immer wieder auf die Frage fokussieren. Wenn die Antwort richtig ist, werden wir es fühlen. Die Antwort wird uns bereichern. Wenn die Antwort uns schwächt oder uns verbittert, sind es nur unser Ego oder der Verstand, die antworten. Die richtige Antwort hat Kraft und gibt uns Freiheit.

Die Antwort liegt bereits in der Frage.

Die Antwort besitzt eher emotionalen Charakter und stammt aus unserem Erfahrungsschatz. Vielleicht werden wir die Antwort nicht sofort mögen, weil sie mehr mit uns zu tun hat, als mit unserem Partner. Das ist sogar das, was sehr wahrscheinlich ist. Denn es ist unser Leben, um das es geht. Unser Partner ist zwar Teil unseres Lebens, aber nur, weil wir es so wollen. Bewusst oder unbewusst.
Wir sollten uns jedenfalls für die erwartete Antwort nach allen Seiten offen halten. Es könnte zum Beispiel auch sein, dass die Antwort weniger mit uns zu tun hat, sondern nur irgendwann von uns übernommen wurde. Also aus Meinungen und Vorstellungen unserer Eltern, Großeltern etc. bestehen.
Die Antwort können wir jedenfalls nicht ergrübeln. Vertraue einfach darauf, dass sie kommen wird.

Vielleicht zeigst du deine Liste sogar irgendwann deinem Partner. Warum auch nicht? Mit wem sonst willst du dein Innerstes bereden?

Wenn es wirklich dein Partner ist, hat er vielleicht eine ähnliche Liste oder will, von dir inspiriert, nun selbst eine erstellen. Vielleicht erfährst du auf diese Weise ganz viel von seinen Wünschen und Sehnsüchten. Vielleicht ist er genauso einsam wie du. Vielleicht wartet er in seiner Sprachlosigkeit nur darauf, dass ihn jemand da heraus holt. Vielleicht wartet er auf ein Zeichen von dir? Wer sonst sollte ihm helfen?

Wenn es dir jedenfalls in der Beziehung nicht gut geht, geht es ihm ebenfalls nicht gut. Wenn du Distanz und Kälte spürst, spürt er es auch.

> **Dein Partner ist nur so lange dein Gegner,
> wie du ihn dazu machst.**

Nimm ihn also besser als Vertrauten und Verbündeten. Vielleicht erstellt ihr sogar gemeinsam eine Liste. Wie würde eine wundervolle Partnerschaft zwischen euch aussehen? Und was hindert euch daran sie zu leben?

Vielleicht findet ihr ungeliebte Gemeinsamkeiten, die ihr gerne loslassen möchtet. Nichts jedenfalls ist schlimmer, als nicht zu kommunizieren. Entdeckt wieder eure Liebe zueinander.

Stehst du am Anfang einer Beziehung oder vor der Entscheidungsfindung, wäre es ebenfalls ganz ratsam, deinem künftigen Partner deine Liste zu zeigen. Dadurch gibst du ihm die Chance, dich in deiner ganzen Tiefe zu erfassen. Gleichzeitig beschenkst du ihn mit deinem Vertrauen.

Und keine Sorge, du kannst dich nicht lächerlich machen. Wenn es der Richtige ist, hat er deine Wellenlänge. Dann denkt und fühlt er wie du.

Und heb die Listen auf, auch wenn du von Zeit zu Zeit immer wieder neue erstellst.

Wenn du sie irgendwann wieder einmal hervorziehst und vergleichst, wirst du erkennen können, wie rasant deine Veränderung vorangegangen ist. Und wie viel Arbeit du bereits geleistet hast. Es war deine Arbeit, die diese Entwicklung ermöglicht hat. Grund genug, stolz auf dich zu sein.

Gibt es Situationen in deinem Leben, die sich immer und immer wieder wiederholen?

Wir haben viel durchgemacht. Leid, Zurückweisung, Neid, Eifersucht, Hass. All dieser seelische Schmerz hat sich angesammelt im Laufe der Jahre. Nicht nur bei uns, auch bei unserem Partner.
Schon in der frühesten Kindheit haben wir Überlebensmechanismen und Strategien aufgebaut, die uns geschützt haben und die es uns überhaupt erst ermöglichten, mit diesem seelischen Schmerz fertig zu werden. Diese ganzen Schutzmäntel haben wir damals gebraucht, um zu überleben. Sie waren lebensnotwenig.
Jedem erging es so. Allen. Dem Partner, den Freunden und Bekannten, dem Chef und natürlich auch uns selbst. Wir sind nicht die Ausnahme. Wir sind nicht allein, auch wenn es sich manchmal so anfühlt.
Die gute Nachricht ist, wir haben es geschafft. Wir haben überlebt. Wir brauchen diese Mechanismen nicht mehr. Heute behindern sie uns eher, als dass sie uns nützen. Trotzdem tragen wir sie heute noch immer mit uns herum und wissen nicht, wie wir sie wieder loswerden können. Meistens wissen wir nicht einmal, dass wir sie überhaupt haben.

Was sind das für Mechanismen? Obwohl so offensichtlich, sind sie durchaus nicht leicht zu entdecken. Doch nicht etwa, weil sie sich so gut verstecken, sondern weil wir sie einfach nicht sehen wollen. Wir wollen den vermeintlichen Schutz von damals nicht so ohne weiteres aufgeben. Wir wollen nicht einsehen, dass sie uns heute nichts mehr nützen. Und damit ist eigentlich auch schon klar, wo wir sie finden können.

Es sind nämlich die Dinge, die wir notwendigerweise verdrängt haben, weit, weit von uns weggepackt. All das also, was wir eben bis heute nicht wahrhaben wollen. Meist sind die Mechanismen dort zu finden, wo wir uns unverstanden fühlen oder verlassen, ins Chaos gestürzt, einsam, ohnmächtig, verraten, ausgenutzt, betrogen, voller Trauer oder hoffnungslos abhängig. Und das in einer ewig wiederkehrenden Schleife.

Die Frage, die es hier zu stellen gilt, ist einzig und allein folgende:
Gibt es Dinge in deinem Leben, die sich immer und immer wieder wiederholen?
Denn vieles davon hast du schon einmal erlebt und bist es bis heute nicht losgeworden, magst du auch noch so erwachsen erscheinen. Und genau dieser seelische Schmerz aus unserer Vergangenheit hindert uns daran, die Gegenwart frei und glücklich zu erleben.

Noch immer sind wir nämlich an diese alten Erfahrungen gebunden. Auch wenn wir sie scheinbar längst vergessen haben. Noch immer sind sie nicht gelöst.

Immer dort also, wo wir uns heute wieder einmal verletzt fühlen, sind unsere Verletzungen von früher zu finden. Dort sind wir immer noch ein Kind, mit einem kindlichen Verhalten und keiner Möglichkeit, die Dinge erwachsen zu regeln oder mit ihnen so umzugehen, wie wir gerne möchten.

Dabei wollen wir endlich auch in diesen Dingen erwachsen werden. Deswegen, und nur aus diesem Grund, kommen immer wieder die gleichen Themen in unser Leben, die gleichen Hinweise, die sich für uns in genau der gleichen emotionalen Größe und Tiefe wie damals wiederholen.

Wir hatten damals als Kind keine Lösungsmöglichkeiten. Auch später in der Jugend nicht. Und selbst heute haben wir immer noch keine wirklich funktionierenden Strategien gefunden. Wir erfahren den gleichen Schmerz, genauso ohnmächtig wie damals, weil wir nicht darüber hinaus gekommen sind. Weil wir bis heute nicht wissen, wie wir damit umgehen sollen und wie wir uns davon lösen können.

> Partnerschaft ist nun die beste Möglichkeit, mit diesen
> Wunden in Kontakt zu kommen und sie für immer zu
> heilen.

Das ist das, was ständig geschieht. Das ist das, was wir glauben, nicht aushalten zu können. Der Partner kitzelt genau diese längst vergraben und vergessen geglaubten Gefühle wieder hoch. Warum? Weil das seine Aufgabe ist!
Und unsere Aufgabe ist es, es zuzulassen.
Also, alles was in unserem Leben immer wiederkehrt, hat etwas mit uns zu tun. Sonst wäre es nicht in unserem Leben. Auch wenn es Dinge sind, die uns nicht gefallen, Wir werden sie so lange mit uns herumschleppen, bis wir uns davon lösen können. Es sind unsere Themen. Wir tragen sie herum, also müssen wir sie auch lösen, kein anderer wird es für uns tun. Die Partnerschaft ist also die beste und schnellste Möglichkeit zu erkennen, woran wir noch arbeiten sollten. Kein anderer kommt uns so schnell so nah, um uns in dieser Tiefe zu berühren und die vergessenen Wunden zum Auftauchen zu bringen. Unser Partner zwingt uns unerbittlich, Farbe zu bekennen und an uns zu arbeiten. Das macht er natürlich genauso unbewusst wie wir. Und ihm gefällt es genauso wenig. Denn auch wir kitzeln all sein »Zeug« hervor, an dem er zu arbeiten hat

> Jede Enttäuschung bietet dir gleichzeitig
> das größte Potential zum persönlichen Wachstum.

Aber woran soll man nun arbeiten, wenn man gar nicht weiß, was wirklich unsere Anteile sind?
Es ist eigentlich ganz einfach. Betrachte die Dinge in deinem Leben, die sich immer und immer wieder wiederholen.
Steckst du öfters, scheinbar unverschuldet, im gleichen Schlamassel? Erfährst du wieder einmal die gleiche Enttäuschung, stehst wieder einmal tief verletzt und ohnmächtig einer Situation gegenüber? Oder bist erneut völlig unerwartet auf den Gleichen reingefallen?

Reingefallen ja, aber bestimmt nicht unerwartet.
Es ist doch merkwürdig, obwohl es verschiedene Menschen sind, verschiedene Orte, zu verschiedenen Zeiten, erleben wir immer wieder fast das Gleiche.
Aber wie haben die das gemacht? Haben die sich abgesprochen? Ohne dass sie sich kannten? Ist es ein geheimes Komplott? Wieso bringen völlig unterschiedliche Menschen uns immer wieder in die gleiche oder ähnliche Situation? Wir wollen sie doch gar nicht haben! Aber man lässt uns keine andere Wahl. Genau. Wir haben keine Wahl! Aber wieso nicht?
Warum kommen wir immer wieder an die gleichen, enttäuschenden Punkte, in die gleichen Situationen? Wir wollen sie nicht, dennoch erleben wir immer wieder Ähnliches.
Vielleicht haben diese ungeliebten Punkte doch eine Verbindung zu unserer unerledigten Vergangenheit?
Aber wenn die Vergangenheit so weit zurückliegt, dass wir uns manchmal nicht einmal daran erinnern, warum sollte sie uns dann noch immer beeinflussen? Das haben wir doch alles längst hinter uns gelassen. Weit zurück und längst vergessen. Wir sind erwachsen, können frei entscheiden und leben inzwischen unser eigenes Leben.
Aber ist das wirklich so?

> Ein Kind, das Liebe erfährt,
> wird, erfüllt von dieser Liebe,
> immer bestrebt sein, diese Liebe weiterzugeben.
>
> Ein Kind, das ohne Liebe aufwächst,
> wird immer verzweifelt diese Liebe suchen.
> Ein ganzes Leben lang.
>
> (Unbekannte Quelle)

Wurde unsere Liebe als Kind ausgenutzt oder abgelehnt, wird dies wahrscheinlich ein Thema in unserem Leben sein.
Als Kind mussten wir vielleicht vor langer, langer Zeit erfahren, dass wir unwillkommen und daher nicht wirklich liebenswert waren. Diese

Verletzung hat sich tief in das Bewusstsein des Kindes eingegraben. Es hatte ja nur diese eine Erfahrung. Es kannte keine andere Wahrheit. Es wusste nur, dass es so, wie es ist, nicht geliebt wird. Irgendwann war es dann überzeugt, dass dies die Wahrheit sein muss, dass es nur an ihm liegt und dass es tatsächlich nicht liebenswert ist. Irgendwann fand es sich dann tatsächlich selbst nicht mehr »der Liebe wert«. Das künftige Verhalten hat sich nun danach ausgerichtet. Dieses Kind fing an, sich selbst nicht mehr zu mögen. In der Kindheit, in der Jugend, in der Pubertät. Rollen wurden entwickelt, der Spaßvogel, der Intelligente, der Coole, der Geheimnisvolle, der Rebell oder der Schwierige, denn in diesen Rollen wurde man wenigstens angenommen. Aber tief im Inneren fühlten wir uns immer mehr zurückgesetzt.

Manche nehmen sogar an Gewicht zu, um sich selbst zu bestätigen, dass sie nicht liebenswert sein können.

Die eigentliche Ursache haben wir heute längst vergessen, nur das Thema nicht. Das Thema ist weiterhin aktuell. Heute werden wir nur argwöhnisch darauf achten, dass unsere Liebe nicht erneut ausgenutzt und verraten wird. Und wir müssen höllisch aufpassen, kindlich, trotzig, immer auf der Lauer liegen. Tatsächlich erwarten wir gar nichts anderes. Wir warten regelrecht darauf. Da wir es ja nicht anders kennen, glauben wir, dass abgewiesene Liebe zum Leben gehört.

Also werden wir die Liebe des Partners nicht wirklich frei und unschuldig entgegennehmen können. Eigentlich glauben wir ihm nicht. Wir sind uns sicher, wenn er uns erst einmal richtig kennen lernt, wird er uns nicht mehr mögen. Deswegen verstecken wir uns sicherheitshalber lieber hinter einer unserer Rollen.

Denn genau genommen warten wir auf die hinterlistige Wendung, auf die Bedingung, die mit seiner Liebe verknüpft sein muss, auf den Knall, der uns unerwartet treffen wird. Unser Partner jedenfalls, der bei uns nicht wirklich ankommt, wird mit seiner Liebe langsam nachlassen oder aber uns auffordern, ihm endlich zu vertrauen und uns ihm hinzugeben. Nun geraten wir unter Druck. Druck kennen wir. Und nun misstrauen wir erst recht. Streitigkeiten werden entstehen und je mehr wir uns zurückziehen, desto gewaltiger wird dieses Thema in unsere Beziehung treten. Alle anderen Übereinstimmungen zählen plötzlich nichts mehr.

Mit der Zeit wird sich unser Partner immer mehr zurückziehen, weil er merkt, dass wir ihm nicht vertrauen, dass wir ihn nicht wirklich nah an uns heranlassen, dass wir Vorbehalte haben. Er kann ja nicht wissen, dass dies in Wirklichkeit nichts mit ihm zu tun hat, sondern nur mit unserer Vergangenheit.
Dann kommt der Moment, wo er uns vorwirft nicht liebesfähig zu sein. Etwas, was uns in unglaubliche Wut versetzt, weil es genau unsere Ohnmacht trifft. Und dann endlich platzt die längst erwartete Bombe. Eigentlich hat die Beziehung so doch keinen Sinn mehr.
Darauf haben wir gewartet. Wie gut, dass wir uns nicht wirklich eingelassen haben. Es war ja klar, dass auch er unsere Liebe früher oder später verraten wird. Trennung, Enttäuschung, Tränen und die Bestätigung, sich besser nie mehr einzulassen sind die Folge.

Aber was ist es wirklich, was uns daran gehindert hat, unsere Liebe zu leben?

Welche Muster und Verletzungen schleppen wir noch heute mit uns herum?

Ist es vielleicht das Gefühl von Minderwertigkeit? Also einer solchen Liebe nicht wert zu sein? Oder ist es die Angst, irgendwann wieder alleine dazustehen? Vielleicht glauben wir immer noch, dass wir nicht liebenswert sind und sind im Grunde überzeugt, dass sich unser Partner früher oder später jemandem anderes zuwenden wird. Vielleicht glauben wir auch, dass wir nicht schön genug sind, nicht intelligent oder witzig, nicht sinnlich, sexy oder raffiniert genug. Vielleicht glauben wir, dass wir im Bett nicht genügen, dass jemand anderes besser wäre?
Aber all das ist nicht die Wahrheit! Sondern nur eine Überzeugung, die irgendwann einmal entstanden ist und uns unsere Lebendigkeit

in diesem Bereich genommen hat. Und sie noch heute nimmt! Die Frage ist nur, mit was wurde uns unsere Lebendigkeit genommen? Vielleicht vertrauen wir nicht, weil wir glauben, dass das Ausnutzen von Gefühlen zum Leben gehört. Vielleicht haben sich die Eltern scheiden lassen und wir glauben, dass Liebe keinen Bestand hat, oder wir waren als Kind unwillkommen und glauben daher noch heute, dass wir unerwünscht sind.

> Was immer deine Vorstellung von Beziehung ist,
> wichtig ist nur zu wissen,
> dass du eine vorgefertigte Meinung davon hast.

Und diese Meinung ist nicht frei. Sondern noch immer mit der nicht bewältigten Vergangenheit verbunden!
Jede gescheiterte Partnerschaft hat uns mit unseren Verletzungen von damals wieder in Verbindung gebracht. Und weil sie gescheitert sind, wurden dort die Verletzungen wahrscheinlich nicht nur bestätigt, sondern sogar noch verstärkt. Nun sind wir in diesem Punkt noch misstrauischer geworden.
Deswegen ist es so wichtig, dass wir uns den Menschen, auf den wir uns einlassen wollen, genau anschauen. Denn auch er bringt eine Vergangenheit mit, die wir dann mit ihm ausleben müssen.
Gerade weil man mit dem Partner durch alle Tiefen wandern wird und besonders durch die ungeliebten Tiefen und dabei so viel »vergessener« Seelenmüll hochkommen wird, sollte man sich nicht bei der ersten Gelegenheit an jemanden binden.

> Ist es jemand, dem du genügend vertraust,
> dass er dich in deine Tiefen begleiten soll?

Derjenige, der uns so nahe kommen darf, wird diese Anteile aus uns herauskitzeln, sie werden weh tun und wir werden nicht wissen, wie wir aus dieser Schleife wieder herauskommen sollen.
Das Einzige, was wir uns immer vor Augen halten sollten, ist, dass all die wiederkehrenden Muster und Themen in unserem Leben nur

eines wollen: Uns an etwas Vergangenes erinnern, an Verletzungen, die noch nicht ausgeheilt worden sind.

Tatsache ist, dass du mehr mit deiner Vergangenheit kämpfst, als mit der Gegenwart.

Unser Verstand nimmt die Realität nämlich nur so wahr, wie er sie bereits kennt. Er filtert sie, indem er sie sofort beurteilt. Was in der Vergangenheit mit negativen Erfahrungen verknüpft war, wird nun ebenfalls als negativ bewertet. Ganz egal, ob dies der Wahrheit entspricht oder nicht. Was früher als schön beurteilt wurde, wird heute wieder als schön bewertet, auch wenn es überhaupt nicht mehr so ist. Das bedeutet, die Realität wird eingeschränkt wahrgenommen. Unsere Wahrnehmung der Realität wird gefiltert durch unseren persönlichen Erfahrungsschatz.

Nicht immer ist es daher nötig zu wissen, warum unser Partner sich gerade so zu uns verhält. Wichtig ist nur zu erkennen, dass diese Erfahrung älter ist als die Beziehung. Die Beziehung ist also nur der Auslöser, nicht die eigentliche Ursache. Nur eine erneute Widerspiegelung einer alt bekannten Verletzung.

Die meisten Erfahrungen sind älter als deine Beziehung.

Wichtig ist also nur, erneut durch die Emotionen zu gehen und dabei zu sehen, wo sie eigentlich hingehören, um sie dann endlich loslassen zu können, ohne den Partner für das verantwortlich zu machen, was wir wieder einmal erfahren mussten.
Das ist nicht leicht. Manchmal ist es wie ein Blindflug durch einen Sturm ohne Navigationsgeräte. Und wir sind auch noch der Pilot. Aber es gibt einige Orientierungspunkte. Zum Beispiel unsere Wunschliste. Sie sagt nämlich erstaunlich viel darüber aus, wo unsere persönlichen Themen liegen.

Wohin du auch gehst, du nimmst dich immer mit.

Sehen wir uns doch einmal an, was wir uns so alles wünschen.
Wir haben jetzt unsere Wünsche und Sehnsüchte klar formuliert und mit jedem dieser Begriffe grenzen wir automatisch die Gegensätze, die Schattenseiten davon aus.
Die Polarität von Ehrlichkeit zum Beispiel wäre Lüge, Untreue, Betrug etc. Das alles darf also in unserer Beziehung nicht stattfinden. Oder steht zum Beispiel in unserer Wunschliste das Wort Harmonie, so grenzen wir Streit, Eifersucht, Unfrieden etc. aus.
Aber geht das auch so einfach?
Betrachten wir diese »automatische« Ausgrenzung einmal etwas genauer. Mal sehen, ob diese Themen wirklich so »automatisch« oder nicht eher ganz gezielt ausgegrenzt wurden?
Lass uns lieber gleich mit offenen Karten spielen.
Schreib auf, was alles in deiner Beziehung nicht stattfinden darf. Streit, Hass, Aggression, Eifersucht, Untreue, Misstrauen usw. Diese Liste geht sicherlich recht flott. Mach sie wirklich schnell und spontan. Überlege nicht. Was kommt als Erstes hoch? Was willst du nicht mehr erleben? Nie mehr!

Auf deiner Liste stehen also nun Situationen und Gefühle, die du nie mehr erleben möchtest. Alles Dinge, die dir durchaus vertraut sind, die dir schon einmal sehr weh getan haben. Erfahrungen, die du nicht nur in deinen Beziehungen, sondern wahrscheinlich bereits als Kind immer wieder machen musstest. Wenn wir diese aber jetzt aus unserer Beziehung ausgrenzen wollen, werden wir keine wirkliche Beziehung haben. Warum? Weil dieser Teil unserer Persönlichkeit nicht in dieser Beziehung sein darf.
Hatten wir zum Beispiel bisher in unserem Leben das Gefühl minderwertig oder nicht liebenswert zu sein, werden wir dieses Gefühl zwangsläufig mit in die Beziehung bringen. Oder besteht unsere Art der Konfliktlösung in Streit, Hass und Aggression, so haben wir zwangsläufig kein anderes Handwerkszeug zur Verfügung, um Konflikte zu lösen. Dann werden wir dieses neue Handwerkszeug erst ausbilden müssen. Und zwar in der Beziehung!
Wenn wir das nicht wollen, werden wir wahrscheinlich keine wirk-

liche Beziehung eingehen. Stattdessen halten wir uns lieber zurück, gehen auf Nummer Sicher, zeigen uns nicht ganz und sind immer ein bisschen bereit, rechtzeitig aus der ganzen Sache auszusteigen. Jedenfalls lange, bevor wir zum Beispiel wieder mit unserem Minderwertigkeitsgefühl in Kontakt kommen müssten.

Aber eigentlich können wir nur in der Beziehung diese Anteile heilen und loslassen. Und erst danach werden wir eine wirklich glückliche und befreite Beziehung haben.

Das bedeutet, wollen wir eine wirklich tiefe Liebesbeziehung, so müssen wir vollständig einsteigen, ohne wenn und aber, mit allen Risiken. Und wir werden all diese Emotionen, die wir eigentlich gar nicht haben wollen, noch einmal durchlaufen müssen. Und zwar so lange, bis wir sie geheilt und diese Themen mit neuen, positiven Erlebnissen besetzt haben.

Welche Muster wir auch immer mitgenommen haben, sie werden unser Beziehungsbild beeinflussen. Unser Partner weiß gar nicht, welche geballte Vorstellungswand da auf ihn zurollt. Aber er wird gezwungen sein, sich unseren Vorwürfen und Vorstellungen zu stellen.

Auch wenn dies nicht immer ganz einfach sein wird: Es gibt nur ein Entweder-Oder.

> **Eine Partnerschaft ist die helfende Hand,**
> **Ungeliebtes endlich loslassen zu können.**

Wer sonst als unser Partner bringt den Mut auf mit uns durch unsere Schmerzen und Tiefen zu gehen? Wer sonst bietet uns Paroli?

Alles was man gerne ausklammern möchte, lädt man direkt in die Beziehung ein. Es wird hochkommen wie eine explosionsartige Mischung aus Emotionen und Wut und Unterdrücktem.

Denn um etwas loswerden zu können, muss man es erst einmal haben. Gerade weil man es also nicht will, wird man es bekommen. Deswegen wird der Partner diese Themen aus uns herauskitzeln. Er kann aber nur das hochholen, was immer schon in uns geschlummert hat. Es sind also immer nur unsere eigenen Anteile.

Kommen wir zurück zu unserer Liste. Vielleicht solltest du deine Negativwunschliste nun so verändern, dass du aufschreibst, was du gerne in deiner Beziehung loslassen möchtest?
Was würdest du gerne an Mustern und Schubladen auflösen? Was kannst du noch nicht loslassen? Welchen Preis bist du bereit für dieses »Nicht-Loslassen« zu bezahlen?
Wenn du dich damit beschäftigst, wird vielleicht viel alter Seelenmüll hochkommen. Lass es einfach zu. Bewerte es nicht. Vor allem bewerte dich nicht.
Das Beste daran ist nämlich: Schon allein dadurch, dass du dich damit beschäftigst, wird dir so manches bewusst.

Bewusstwerdung ist Heilung.

Wenn uns klar wird, was wir alles mit in die Beziehung bringen und was wir alles gerne loslassen möchten, werden wir immer mehr erkennen, dass unser Partner in vielen Dingen nur ein »Stellvertreter« für unsere Projektionen war. Dass unsere Muster sich gegengleich mit seinen ergänzt haben. Und damit ändert sich alles. Die Karten werden neu gemischt. Nur dass sie jetzt offen auf dem Tisch liegen.
Vielleicht bringst du sogar den Mut auf, deine Liste mit den ungeliebten Mustern deinem Partner zu zeigen. Vielleicht schaffst du es sogar, ihm zu sagen, dass du daran arbeiten willst. Das hat einen enormen Vorteil für dich. Du musst nicht mehr auslagern, verstecken, unterdrücken oder behaupten mehr zu können. Gleichzeitig machen wir unseren Partner zu unserem Verbündeten. Das erzeugt Nähe. Vielleicht kann er dann auch seine Schattenseiten gemeinsam mit dir bewusst betrachten. Denn wenn wir uns verändern, verändert sich auch unser Partner.

Glücksregel 3

Du bekommst immer nur, was du gibst

Eine Beziehung wird ständig neu erschaffen

Am Anfang scheint alles prima zu sein. Unser Partner bietet uns nur das Beste an. Alles was er glaubt, dass es uns gefallen dürfte, legt er uns zu Füßen. Er schenkt uns z. B. seinen Charme, sein Sexappeal, seine Fürsorge und Aufmerksamkeit, und natürlich auch seine Liebe, einfach alles, was wir uns so sehnlich wünschen. Schließlich möchte er, dass wir sein Angebot annehmen.
Natürlich werden wir ihm auch etwas anbieten. Und natürlich wird es auch nur das Beste sein.
Aber selbstverständlich zeigen wir ihm nicht alles von uns. Wir wollen ihn ja nicht gleich verschrecken. Denn es gibt eine ganze Menge, das wir neben all dem Schönen auch noch mitbringen. Nur – diesen Teil wollen wir aus guten Gründen vorerst lieber verstecken.
Und natürlich zeigt unser Partner auch nicht gleich alles von sich. Schließlich möchte er, dass wir bei ihm bleiben.
Die Wahrheit ist also, du kennst im Grunde nicht alles, was dein Partner mitbringt. Und im Gegenzug weiß dein Partner nicht, was da noch alles von deiner Seite auf ihn zukommen wird.
Das Erstaunlichste aber ist, dass wir nicht einmal so genau wissen, was wir selbst noch alles mitbringen. Besser gesagt, wir haben keine Ahnung davon. Wäre es anders, so würden wir keine Überraschungen erleben und würden diese Überraschungen nicht auf den Partner projizieren.
Wollen wir nun herausfinden, was wir in Wirklichkeit alles mitbringen, bewusst oder unbewusst, brauchen wir uns nur die Beziehung zu betrachten, die wir im Moment haben. Es gibt nichts Aussagekräftigeres.

Wie auch immer im Moment deine Beziehung aussieht,
sie wird immer nur das widerspiegeln,
was du mitgebracht hast.

Die Partnerwahl

Das Erste, das wir mitbringen, ist unser Wunsch nach einem Partner, der uns entsprechen soll. Der ideale Partner ist für uns mit Sicherheit derjenige, der unserer Persönlichkeit am ähnlichsten ist. Denn dann haben wir die gleichen Ziele, die gleichen Wünsche und die gleichen Sehnsüchte. Einen anderen Partner wollen wir gar nicht haben. Mit einem anderen würden wir auch schlichtweg nicht harmonieren. Das bedeutet also, dass die Struktur unserer Persönlichkeit das Ergebnis bei der Wahl unseres Partners vorgibt und damit auch den Inhalt unserer Beziehung. Also werden wir zwangsläufig in unseren Partnerschaften immer die Partner wiederfinden, die uns in vielen Teilen am meisten entsprechen. Im Positiven wie auch im Negativen.
Man könnte auch sagen:

> **Dein Partner ist dein Spiegelbild.**

Das bedeutet allerdings, dass wir immer nur mit der Person zusammen sein werden, die eben auch unserer Unvollständigkeit am ähnlichsten ist. Denn nur sie kann mit uns durch all die Erfahrungen gehen, die wir für unsere Vervollständigung brauchen. Unser Partner ist unser Spiegelbild, vor allem unser emotionales Spiegelbild. Seine Erfahrungen müssen im Wesentlichen den unseren entsprechen. Ansonsten könnte er nicht mit uns durch unsere Tiefen gehen, denn sie würden ihn schlichtweg nicht interessieren. Er wäre überhaupt kein guter Mitspieler. Wenn seine Muster völlig anders wären als unsere, würde er lieber an etwas anderem arbeiten.
Jedenfalls würde er nie die Kraft aufbringen sich unserem Druck zu stellen, wenn es nicht unsere gemeinsamen Muster wären.

Und siehe da, der Partner, mit dem wir zusammen sind, ist dafür genau der richtige. Mit ihm machen wir genau die Erfahrungen, die wir machen wollen, die wir also für unsere Entwicklung brauchen. Denn nur durch unseren gemeinsamen Gang in unsere Tiefen können wir erleben, welche unserer Anteile noch nicht vollständig und ganz, also »heil« sind. Und genau im Hinblick auf diese Heilung suchen wir uns unseren Partner aus.

Man hat also bestimmte Wünsche und Vorstellungen – bewusste und unbewusste – und zieht so den gewünschten Partner an.

Hat uns die Vergangenheit zum Beispiel gelehrt, dass es für uns am besten ist, wenn wir nur Körperlichkeit und nicht allzu viel Nähe suchen, werden wir jemanden anziehen, der genau diesem Muster entspricht. Wir werden dann in diesem Punkt mit unserem Partner die größte Übereinstimmung erzielen. Was wir dann wahrscheinlich bekommen werden, ist eine flüchtige Affäre, ohne Tiefe und Vertrauen. Mehr war eben nicht vereinbart. Und vor allem von uns nicht als Partner ausgesucht worden.

Am Ende der Affäre wird die von uns gewählte Erfahrung uns natürlich wieder darin bestärken, dass allzu viel Nähe uns nur noch mehr verletzt hätte.

Dabei bist du selbst derjenige, der dich verletzt.

Weil man eben nicht mehr zulässt. Vielleicht gerät man auch unter Druck, weil der Partner unbedingt mehr von einem möchte. Aber die Verletzungen aus der Vergangenheit lassen intensivere Nähe nicht zu. Der Konflikt bringt einen so unter Druck, dass man entweder kneift und davonläuft oder aber über den eigenen Schatten springt und mehr Nähe zulässt.

Jedenfalls wird man immer mit diesem Mangel in Berührung kommen. Auch wenn man es gar nicht will. Streit, Hass und Aggression werden entstehen.

Schließlich ist es das – Angst vor Nähe – mit dem man sich beschäftigen will.

So suchen wir uns genau die Person aus, die uns auf unseren Mangel hinweist. Immer und immer wieder. Und das kann ziemlich weh tun.

Aber wir werden diese Erfahrung so oft machen, bis wir die Nase von flüchtigen Affären voll haben und bereit sind, etwas mehr Nähe zuzulassen. Das erfordert Mut. Schließlich müssen wir dafür Grenzen überschreiten. Und zwar unsere eigenen. Wir müssen ein kleines bisschen von unserer Vorstellung, wie unsere Beziehung zu sein hat, aufgeben und uns ein Stück weit mehr einlassen. Auch wenn es schwer fällt. Auch wenn es Angst macht. Aber wenn wir uns darauf einlassen, sind wir um einiges reifer und mutiger geworden. Unsere Persönlichkeit ist also etwas erwachsener geworden. Dann wird es der Partner, den wir nun anziehen oder mit dem wir bereits zusammen sind, ebenfalls sein.

Erinnern wir uns, unser Partner ist unser Spiegel. Sonst wäre er nicht bei uns.

Entwickeln wir also unsere Persönlichkeit, entwickeln wir auch unsere Beziehung.

Die Themen der Beziehung

Wir entscheiden, wie unsere Beziehung sein soll. Wie wir wissen, können wir in unserer Partnerschaft immer nur das leben, was wir bereit sind, auch selbst in die Beziehung einzubringen. Etwas anderes lassen wir nämlich gar nicht zu.

Gehen wir zum Beispiel davon aus, dass wir uns minderwertig fühlen. Dann werden wir genau die Bestätigung dessen von unserem Partner bekommen. Denn das ist schließlich das, was wir mitgebracht haben: das Gefühl von Minderwertigkeit. Was also können wir erhalten? Unser Partner jedenfalls wird unser Problem mit unserem Selbstwert nicht für uns lösen. Pustekuchen. Das ist einzig und allein unsere Aufgabe. Es geht doch schließlich um unser Leben und unsere Entwicklung. Da nützt auch die schönste Anerkennung unseres Partners nichts, das Minderwertigkeitsgefühl wird bleiben. Entweder weil wir dem anderen nicht glauben oder weil wir stattdessen von seinem Lob abhängig werden. Unser Partner wird uns also mit Sicherheit

immer wieder an das Gefühl der Minderwertigkeit erinnern und es immer wieder hochkitzeln, um uns dazu zu bringen, es endlich loszulassen.
Was wir nicht entwickelt haben, haben wir nicht zur Verfügung. Das kann man schönreden wie man will.

> **Natürlich kann Liebe Berge versetzen,**
> **aber die Arbeit musst immer noch du tun.**

Unser Partner kann uns nur dabei helfen. Nicht immer ist dies ein Prozess, der harmonisch verläuft. Vielleicht gehen wir noch einmal durch das Gefühl von Minderwertigkeit, weil unser Partner uns herabsetzt. Oder weil wir aus Angst vor Verletzung die Beziehung lieber vorzeitig verlassen. Wir kommen jedenfalls in Kontakt mit unseren schwächsten Stellen. Es wird weh tun. Sehr weh sogar. Und es wird uns an etwas erinnern, das wir schon kennen. Aber immer wird es etwas sein, das *wir* in die Beziehung mitgebracht haben.

> **Was immer du in deine Beziehung mitbringst,**
> **bekommst du zurück.**

Bringen wir zum Beispiel Wertschätzung als Thema in unsere Beziehung, ist es uns also wichtig wertgeschätzt zu werden, so werden wir eine Beziehung haben, in der wir glauben, dafür kämpfen zu müssen oder uns diese Anerkennung erarbeiten zu müssen. Ist Streit ein Thema, das wir in die Beziehung mitbringen, haben wir eine Beziehung, in der gestritten wird. Bringen wir Eifersucht mit, was bekommen wir? Gründe, um eifersüchtig zu sein.
Möchten wir zum Beispiel eine Beziehung, in der wir uns unterstützt fühlen, so müssen wir die Beziehung unterstützen, wir müssen den Rahmen und den Raum dafür erschaffen. Erschaffen wir diesen Raum nicht, sondern fordern ihn einfach nur ein, werden wir eben genau dies bekommen: Eine Beziehung, in der man gegenseitig fordert und den Mangel an Unterstützung beklagt.
Die Lösung ist also ganz einfach:

Unterstütze deine Beziehung und du wirst in deiner Beziehung unterstützt

Was auch immer: Liebe, Fürsorge, Aufrichtigkeit, Treue, Groll, Hass, Wut, Selbstzweifel etc., an dem, was man zurückbekommt, kann man erkennen, was man mitgebracht hat.
Herrscht zum Beispiel viel Streit in unserer Beziehung, bedeutet das nicht zwangsläufig, dass die Beziehung schlecht ist. Es bedeutet wahrscheinlich nur, dass es viel Rechthaben wollen in unserer Beziehung gibt, viele Schuldzuweisungen und das Nichtakzeptierenwollen unserer eigenen Mängel. Natürlich ist es da bequemer den Partner ändern zu wollen als sich selbst. Aber genau in diesen Momenten erkennen wir, wo wir an uns arbeiten sollten.
Ob uns die Beziehung, in der wir uns befinden, gefällt oder nicht gefällt, ob wir gerne dort sind oder nicht – wie immer sie aussieht – sie wird von unseren bewussten und unbewussten Anteilen geprägt.

Am besten, man hört einfach auf, Schuld auszulagern. Einfach? Nichts ist schwerer, als seine eigenen Mängel betrachten zu müssen. Es gehört wahrlich viel Mut dazu, zu akzeptieren, dass man selber der Auslöser für all den Schlamassel sein soll. Aber wenn du dies schaffst, hast du bereits die größte Hürde genommen, die bisher zwischen dir und deinem Wunsch nach einer wahrhaft tiefen Liebesbeziehung gestanden hat.
Und wir sind nicht allein! Wir haben einen Partner. Und zwar den, den wir uns ausgesucht haben.

Alles ist nur deswegen in solch eine Schieflage geraten, weil wir bisher geleugnet haben, dass die Schattenseiten uns gehören.
Wenn wir und unser Partner nun wissen, dass wir sie genauso mitgebracht haben, braucht sich niemand mehr zu verteidigen. Wir geben durch unsere Größe sogar unserem Partner die Chance, sich ebenfalls mit seinen eigenen, ungeliebten Anteilen zu verbinden. Das sind übrigens die Dinge, die er unbedingt an uns ändern möchte.

Sei einfach so, wie du deinen Partner gerne hättest.

Bringen wir jetzt die Bereitschaft in die Beziehung, zu reifen, zu wachsen und zu transformieren, ist es genau das, was wir bekommen werden.
Dafür braucht man keine großen Schritte zu tun. Es gibt auch nichts, was man sofort anpacken müsste. Man sollte nur seinen Blick für sich schärfen. Alles was uns gefällt oder missfällt ist unser Werk. Unser Partner ist nur unser Gegenspieler. Ohne uns könnte er all das, was uns so missfällt, gar nicht ausagieren. Wir haben uns gefunden, weil es unsere gemeinsamen Anteile sind.

Willst du einen Partner, sei einer.

Wenn man andererseits jetzt glaubt, man müsste sofort loslaufen, um nach der wahren, richtigen Beziehung zu suchen, dann sollte man wissen, dass man nicht weit zu laufen braucht, denn wir werden immer nur den Partner finden, der unserer Persönlichkeit und unserem Bewusstsein entspricht. Und keinen anderen! Also werden wir immer wieder nur uns selbst finden.

Es gibt noch ein Problem. Wenn man nicht akzeptieren will, dass man jetzt gerade eine Beziehung hat, entzieht man der Partnerschaft eigentlich alles, was sie ausmacht. Was man auf diese Weise haben wird ist das Gegenteil von Beziehung, ein Zustand, den man sicherlich zu Genüge kennt: Streit, Unfrieden und Schuldzuweisungen.
Man hat dann nämlich dummerweise nicht etwa keine Beziehung, sondern eine Beziehung, die sich auf nichts oder nur wenig bezieht. Und das ist schlimmer als keine Beziehung. Denn wenn man eine Beziehung hat, deren Existenz man teilweise leugnet, wird man nur die Forderung nach einer Beziehung um die Ohren geschlagen bekommen.
Wenn man jetzt also nicht in einer tiefen, machtvollen Liebesbeziehung lebt, so heißt das nicht, dass man die bestehende Beziehung

aufgeben sollte, sondern wahrscheinlich nur, dass man innerhalb dieser Beziehung etwas aufgeben muss: Rechthaben, Bewerten, Vorurteile.
Vielleicht sollte man auch die Forderung aufgeben, wie der Partner zu funktionieren hätte: Nämlich nur den eigenen Vorstellungen entsprechend.
Will man eine wahrhaft tiefe Liebesbeziehung führen, sollte man einfach wieder anfangen, sich selbst einzubringen.

Wir bekommen, was wir geben. Geben wir uns ganz, bekommen wir auch unseren Partner in seiner Ganzheit.
Und plötzlich sind wir da, wo wir immer sein wollten. In einer wundervollen Liebesbeziehung und ... Ganz nah bei uns selbst.

Glücksregel 4

Betrachte deinen Partner niemals als dein Eigentum

Vielleicht haben wir mit unserem Partner Absprachen getroffen. Oder Abhängigkeiten geschaffen. Vielleicht haben wir auch einen Vertrag geschlossen und uns den Segen der Kirche geholt. Unser Partner mag einzig und allein zu uns gehören, aber eines wird er nie sein: Unser Besitz oder unser Eigentum.

> **Er gehört zu dir,**
> **aber er gehört nicht dir.**

Alles, was er für uns tut – alles! – tut er freiwillig. Und dies auch nur, weil er es so für sich entschieden hat. Jeden Tag könnte er sich auch anders entscheiden. Das ist schließlich das, was ständig passiert. Wir sehen das bei unseren Freunden und Bekannten. Ständig entscheiden sich Partner wieder anders und binden sich neu.

> **Dein Partner ist frei.**
> **Er kann gehen, wann immer er möchte.**

Das macht Angst. Wir wollen nicht, dass er sich anders entscheidet und weggeht. Und dennoch wird er es tun, wenn er es möchte. Es gibt kein Mittel der Welt, welches ihn daran hindern könnte.
Denn wenn er gehen muss, gibt es bestimmt genügend wichtige Gründe für ihn. Und nicht immer werden wir es sofort merken, wenn er uns verlässt. Manchmal ist er bereits schon lange gegangen, ohne dass wir es mitbekommen haben.
Die ersten Schritte des wirklichen Weggehens liegen meist lange vor der tatsächlichen, physischen Trennung. Die Entscheidung dazu fiel oft wesentlich früher.

Und nicht immer muss der Grund etwas mit dir zu tun haben. Sehr oft sind die Gründe auch im Mangel der eigenen Persönlichkeit oder in einer inneren Zerrissenheit zu suchen. Längst zurückliegende Kindheitserlebnisse oder andere negative Erfahrungen können ihn z. B. auch zu einer Beendigung der Bindung veranlassen.

Letztendlich ist dies im Moment auch unerheblich. Wichtig ist nur: Wenn er gehen möchte, wird er gehen. Es ist sein Leben und gehört in seine Hände. Schließlich weiß nur er, was das Beste für sein Leben ist. Wir können es nicht wissen, denn wir wissen nur, was das Beste für unser Leben ist.

Genau genommen gibt es eigentlich nur einen Weg, ihm sein Bleiben zu ermöglichen:

> **Lass ihn frei! Er ist es sowieso.**
> **So sehr du ihm auch Fesseln anlegst.**

Stell es ihm frei, jederzeit gehen zu können. Wann immer er möchte! Nur dann kann er auch bleiben. Warum? Weil wir ihm die Wahl lassen. Denn nur wenn unser Partner wählen kann, kann er sich auch dafür entscheiden, bei uns zu bleiben

Die gute Nachricht dabei ist, er kann auch bleiben. Wenn er es möchte, wird er es tun. Wichtig ist nur, dass wir wissen, dass er jederzeit auch gehen kann. Dieser Punkt ist so wichtig, dass wir jeden Tag daran denken sollten. Denn wenn er jederzeit auch gehen kann, ist sein Bleiben ein Geschenk, ein freiwilliges, wundervolles Geschenk.

> **Dein Partner ist ein Geschenk.**
> **Das Größte, das er dir machen kann.**

Er legt sich freiwillig zu dir ins Bett und wacht freiwillig neben dir auf. Freiwillig teilt er deinen Kummer und deine Niederlagen mit dir, erträgt deine Launen, deine Sorgen und deinen Ärger und aus freien Stücken kehrt er am Abend zu dir zurück. Er verbringt seine Zeit mit dir.

Er könnte auch gehen und nicht mehr wiederkommen. Aber er ist hier, bei dir. Er lässt dich an seinem Leben teilhaben. Er vertraut dir sogar so sehr, dass er sich auch klein und verletzlich zeigen kann und dir nicht nur seine Lust, sondern auch seine Intimität schenkt. Nur dir, niemandem anderes, zeigt er sich so, in grenzenloser Hingabe. Aus freien Stücken ist er loyal, treu, baut mit dir an einer gemeinsamen Zukunft und gibt dir ein Zuhause. Er schenkt sich dir! Er begibt sich manchmal sogar völlig in deine Hände und er macht dein Leben zu seinem.

Wir sollten zu keinem Zeitpunkt unserer Beziehung den Fehler begehen zu glauben, all das wäre normal, etwas Alltägliches oder unser Partner stünde gar in unserer Schuld und wäre uns zu Dank verpflichtet.

Besitz von jemandem zu sein verursacht nur ein Gefühl von Unfreiheit. Das Leben ist nicht mehr im Fluss, alles Dargebotene, selbst das Geschenk der Intimität, ist dann nur noch dumpfe Verpflichtung. Wer sein Leben so verbringen soll, sich in so einem Feld aufhalten soll, ist innerlich längst weggegangen. Was dann folgen wird sind inszenierte Dramen, um eine Legitimation zu erhalten, moralisch sauber aus der Sache rauszukommen. Die Wahrheit ist sogar so, je massiver wir ihn zwingen zu bleiben, desto eher wird er gehen.

Unfreiheit, gleichgültig wie geschickt wir sie verpacken, sucht nach Freiheit. Je intensiver wir also klammern, desto stärker wird sich der Partner befreien wollen.

Warum tun wir dann trotzdem so etwas Törichtes?

Weil wir uns in Wirklichkeit noch immer minderwertig fühlen. Weil wir glauben, nicht liebenswert zu sein. Wir glauben nicht, dass jemand einfach so bei uns bleiben könnte, wir glauben nicht, dass wir es wert sind. Lieber üben wir Druck aus.

Liebe lässt sich nicht erzwingen.

Was haben wir davon, wenn unser Partner nur bei uns bleibt, weil wir ihn zwingen oder ihn glauben lassen, dass er ohne uns nicht überleben könnte oder wir nicht ohne ihn? Auf diese Weise werden

wir nie die Kraft der Liebe erfahren, sondern immer nur das bekommen, was wir eigentlich vermeiden wollten: Gegenwehr, Abneigung und Kampf.
Öffne also den Käfig, zersäg die Stäbe und lass deinen Partner frei. Auch wenn es Angst macht.
Warum sollte er dann bei dir bleiben?
Weil es sein Wille ist. Weil es ihm bei dir gut geht. Weil er gerne in deiner Nähe sein möchte. Weil du ihm Kraft und Anerkennung gibst und er weiß, dass er etwas ausmacht in deinem Leben. Weil er Verantwortung übernehmen kann. Weil er sich bei dir geborgen und sicher fühlt und neben dir aufblüht. Weil er sich in dir erkannt hat, es einen tiefen Sinn für eure Beziehung gibt und er weiß, dass er frei ist. Warum sollte man die Freiheit verlassen? Je freier man ist, desto mehr genießt man die Nähe.

Jemandem seine Freiheit lassen zu können, ist wahrhafte Größe.

Betrachten wir die Dinge einfach so, wie sie wirklich sind, dann werden wir mit einer völlig anderen Wertschätzung an die ganze »Sache« herangehen: Unser Partner ist frei jederzeit zu gehen, er schuldet uns nichts und alles was er tut, geschieht aus freien Stücken.
Wenn wir uns stets vor Augen halten, dass unser Partner die wundervollste Leihgabe ist, die das Leben uns anvertrauen kann, werden wir künftig in vielen Momenten anders handeln.
Sei dir also stets bewusst, dass er sich dir nur für einen gewissen Zeitraum anvertraut. Die Dauer bestimmt nur er allein.
Jeder Tag ist ein neues Geschenk, jedes Aufwachen neben dir eine freiwillig dargebotene Liebesgabe. Auch heute, an diesem Morgen, ist er bei dir und will sich in deiner Liebe widerspiegeln. Und vielleicht auch noch morgen. Und den Tag danach. Vielleicht auch noch ein ganzes Jahr. Oder ein ganzes Leben. Es steht ihm völlig frei. Es steht auch dir frei. Es steht dir frei, jeden Tag zu einem Geschenk werden zu lassen.

**Es gibt kein größeres Geschenk,
als einfach nur da zu sein.**

Ein Geschenk ist niemals an Bedingungen gebunden, sonst wäre es nur ein Handel. Liebe lässt sich nicht kaufen oder erzwingen.
Das Beste, was wir also tun können, ist uns zu freuen, dass unser Partner bei uns ist und seine Präsenz dankend anzunehmen.

Glücksregel 5

Lebe in der Beziehung, die du tatsächlich hast

Befindest du dich momentan in einer Beziehung, so heißt das, du hast dich dafür entschieden. Dann steh auch zu dieser Entscheidung. Und zwar zu hundert Prozent.

> **In einer Beziehung zu sein bedeutet,
> alle anderen Beziehungen aufzugeben.**

Das ist für viele von uns keine gute Nachricht. Aber es kommt noch schlimmer: Wir müssen sogar den *Gedanken* aufgeben, dass andere Beziehungen überhaupt möglich wären.
Es gibt keinen anderen Weg: Möchtest du eine Beziehung haben, musst du sie auch haben *wollen*! Und zwar ausschließlich! Das bedeutet, die Beziehung, die du jetzt hast, ist die einzige, die du haben kannst.
Natürlich wissen wir alle, dass wir auch noch andere Beziehungen haben können. Es wäre ein Leichtes für uns. Wahrscheinlich leichter als in der Beziehung zu bleiben, in der wir gerade stecken.
Das weiß natürlich auch unser Partner! Er weiß, dass uns nicht zu trauen ist. Vor allem, weil wir in unseren bisherigen Beziehungen immer weggelaufen sind, als es schwierig wurde. Schon dass wir jetzt in einer neuen Beziehung sind, zeigt das Scheitern unserer vorherigen Partnerschaften. Mit dem Scheitern kennen wir uns also aus.

Aber es stimmt natürlich theoretisch. Jede andere Beziehung wäre möglich, viele andere Beziehungen wären möglich. Und genau das ist das Fatale. Dieser Gedanke lässt uns nicht wahrhaftig in unserer jetzigen Partnerschaft sein. Denn solange wir noch woanders hinschielen, führt uns das nur woanders hin, weg von unserer Beziehung.

Wollen wir also wirklich in dieser einen Beziehung, in der wir jetzt sind, sein, gibt es nur eins: alle anderen Beziehungen aufzugeben.

Gib vor allem auf, andere Beziehungen überhaupt in Erwägung zu ziehen.

Das heißt, alle Träume, Sehnsüchte und Projektionen, dass es woanders besser wäre, aufzugeben. Denn jeder Gedanke in dieser Richtung führt uns nur weiter von unserer jetzigen Partnerschaft weg.
Es ist eine Illusion zu glauben, wir könnten jederzeit woanders hin, dort, wo man uns mit offenen Armen empfangen würde. Im Grunde wissen wir genau, wie furchtbar es wäre, wenn wir wirklich gehen müssten.
Das aber weiß unser Partner nicht. Er weiß nur, dass wir uns verschiedene Optionen offen halten. Er muss also damit rechnen, dass, wenn jemand besserer kommt, er womöglich ausgetauscht oder zumindest betrogen wird. Für unseren Partner ist es also zum gegenwärtigen Zeitpunkt besser, erst gar nicht wirklich einzusteigen. Etwas, was uns mit Sicherheit nicht gefällt und uns nur darin bestärkt, noch zielgerichteter auch in anderen Richtungen Ausschau zu halten.
Wenn wir auch nur die winzigste Hoffnung hegen, doch noch weg zu können, wieder woanders bei Null anzufangen, werden wir nie eine wirkliche Beziehung haben.
Warum?
Weil wir nie eine eingegangen sind. Und weil wir unseren Partner ebenfalls zwingen, sich auf keinen Fall auf uns einzulassen. Was wir also haben werden, ist eine Beziehung, in der jeder heimlich nach dem Notausgang schielt.
Gewonnen haben wir dabei nur die Möglichkeit, viele, unendlich viele andere Beziehungen haben zu können, während wir das Potential unserer jetzigen Beziehung gar nicht wahrnehmen.
Aber auch die anderen »wundervollen« Beziehungen werden wir nie haben, weil wir sie ja nie eingehen. Weil wir auch dann Angst haben werden, vielleicht wieder einen Fehler gemacht und uns womöglich erneut falsch entschieden zu haben. Wir werden also

auch dort wieder irgendwann glauben, unser Traumpartner schwirre nach wie vor da draußen herum.

> **Wenn du keine Entscheidung triffst,
> wirst du nie ankommen.**

Selbst wenn der Traumpartner neben uns steht, werden wir ihn nicht erkennen oder uns auf ihn einlassen. Für uns wird das Glück immer dort zu finden sein, wo wir gerade nicht sind. Ganz gleich wer neben uns steht, wir werden immer unzufrieden und unsicher sein und die lächerliche Sehnsucht nach einer anderen Beziehung am Leben erhalten.
Letztendlich beruht alles auf dem Gedanken, dass es den »Richtigen« in unserem Leben geben muss. Wir sind überzeugt, dass er irgendwo da draußen auf uns wartet. Dieser Gedanke ist es, der uns daran hindert, den »Richtigen« *jetzt*, in diesem Moment, in unserem Leben zu haben und wahrzunehmen. Sei in der Beziehung, in der du jetzt bist und erkenne, dass der »Richtige« bereits da ist.

> **Wäre es nicht der »Richtige«, wäre er nicht bei dir.**

Das Fatale ist aber, wir können ihn erst dann wahrnehmen, wenn wir alle anderen möglichen Beziehungen aufgeben. Für immer. Es gibt sie nicht. Es gibt nur die Beziehung, die wir jetzt haben. Die Beziehung, die wir jetzt haben, ist nicht austauschbar. Sie ist einzigartig, wundervoll und tief berührend. Sie tut manchmal weh, weil man sich so nah kommt, sie kann sogar sehr weh tun, weil alte Verhaltensmuster transformiert werden wollen. Aber es gibt nur diese Beziehung. Nur diese eine, die uns befähigt, wahrhaftig zu lieben.

> **Gibt es viele andere, hast du überhaupt keine.**

Und so gehen wir weiter zur nächsten und zur übernächsten – ankommen werden wir so nie.
Denn nur, wenn wir unserer Beziehung diese Ausschließlichkeit

geben, können wir diese Kraft und Stärke und diese einzigartige Basis, nach der wir andauernd suchen, in der Beziehung finden. Und zwar in dieser! In der, die wir jetzt haben. Und plötzlich erkennen wir, dass unser Traumpartner schon die ganze Zeit bei uns war. Wer sollte auch sonst bei uns sein? Wir machen aus unserer Beziehung das, was sie ist. Wir machen unseren Partner zu dem, was er ist und was er für uns sein darf: das Wundervollste auf der Welt. Oder aber eben etwas anderes...

Ist er aber für uns austauschbar, so brauchen wir uns nicht zu wundern, wenn *wir* eines Tages ausgetauscht werden. Warum?

Wenn in unserem Kopf noch unzählige andere Beziehungen, die alle möglich wären, herumschwirren, was glaubst du rotiert notwendigerweise im Kopf unseres Partners? Fühlt er sich bei uns sicher? Geborgen? Beschützt?

Bestimmt nicht. Wie sollte er auch? Wir entwerten ihn. Das Geschenk, das er uns anbietet, seine Zeit, seine Präsenz, seine Liebe, entwerten wir, indem wir es nicht achten.

Damit schenken wir unserem Partner weder Anerkennung noch Dankbarkeit, dass er bereit ist, sein Leben mit uns zu teilen, dass er mit uns einschläft, mit uns aufwacht, mit uns streitet und es aushält, unsere Schattenseiten zu ertragen, zum Beispiel unsere nicht eingestandenen Ängste und Unzulänglichkeiten und unsere kindliche Sehnsucht nach anderen Partnerschaften, die womöglich besser wären. Unser Partner ist es, der gewillt ist, trotz allem bei uns zu bleiben, weil er an unsere Stärke und innere Schönheit glaubt, auch wenn wir sie selbst in uns nicht sehen wollen.

Wenn man sich jedoch partout nach anderen Partnerschaften sehnt, so kann es passieren, dass man schneller aus seiner jetzigen draußen ist, als es einem lieb ist.

Will man allerdings in der Partnerschaft bleiben, sollte man wissen, dass jeder Flirt, selbst der heimliche Blick auf einen fremden Hintern: »Hm, süß, könnte hübsch sein...«, bereits von der Beziehung wegführt. Wie würdest du dich fühlen, wenn dein Partner anderen nachsieht und dabei heimlich sinnlichen Wünschen nachhängt?

Oder gar einer verpassten Möglichkeit nachtrauert? Würde es dein Selbstwertgefühl und deine Freude in der Beziehung zu sein, fördern oder schmälern? Würdest du dich gehoben fühlen, sicher und geachtet? Oder nur verletzt?

> **Was die Beziehung nicht fördert,**
> trennt sie.

Es ist ganz einfach.
Wenn du nicht in der Beziehung bist, kann es dein Partner auch nicht sein.
Und dein Traumpartner wird das bleiben, was er schon immer für dich war: nur ein Traum.

Glücksregel 6

Löse dich von Vergangenem

**Die Sehnsucht nach dem Vergangenem
verhindert das Gegenwärtige**

Ein weiteres sicheres und äußerst wirkungsvolles Mittel auf alle Fälle beziehungs*un*fähig zu bleiben ist der Ex-Partner. Wenn wir diesmal wieder alles falsch machen möchten, brauchen wir nur den Kontakt zu den Ex-Partnern zu halten.

Warum? Die Antwort ist ganz einfach. Wenn wir noch immer gebunden sind, können wir keine neue Bindung eingehen. Da können wir hundert Mal glauben, dass wir vollkommen, erfüllt und uneingeschränkt in einer Partnerschaft sind – solange wir die *vergangenen* Partnerschaften nicht wirklich abgeschlossen haben, sind wir nicht frei für eine neue.

Nicht nur das. Wenn wir unsere ganzen ehemaligen Partner mit uns herumschleppen und mit in die Beziehung bringen, belasten wir auch noch unseren Partner mit altem Ballast und zeigen ihm nur, dass wir noch nicht wirklich bereit sind, uns auf eine neue Beziehung einzulassen.

Die Vergangenheit, die wir nicht loslassen, spielt dann immer noch eine sehr große Rolle in unserem Leben.

Die Frage ist nur, und diese Frage stellt sich auch unser Partner, was hindert uns eigentlich daran, Vergangenes vollständig loszulassen und abzuschließen? Die Antwort wird uns nicht gefallen: Dahinter versteckt sich meistens das Gefühl von Minderwertigkeit.

Es gab eine Zeit, da waren wir bedeutend. Und den Beweis dafür möchten wir gerne festhalten. Wir waren für jemanden wichtig, wir wurden geliebt und diese wunderbare Liebe gab unserem Leben einen Sinn. Etwas in uns braucht das Gefühl bedeutend zu sein und wir glauben, wir wären es noch immer, wenn wir jene Momente in unserem Leben aufrecht erhalten, in denen wir es tatsächlich einmal waren.

Gleichzeitig befürchten wir, dass wir so eine wundervolle Beziehung nie mehr haben werden. Wir glauben eher an den Mangel als an die Fülle und möchten schließlich nicht eines Tages komplett alleine dastehen.

Damit zeigen wir aber nur, dass wir unserer neuen Partnerschaft nicht wirklich trauen. In Wahrheit befürchten wir, dass wir, wenn wir das Vergangene loslassen, irgendwann wieder mit leeren Händen dastehen werden.

Doch gerade weil wir das Alte nicht loslassen, werden wir irgendwann tatsächlich mit leeren Händen dastehen. Wir verbinden uns mit der Vergangenheit und kreieren – mit Hilfe unserer Ex-Partner – nur Distanz in unserer jetzigen Beziehung.

Bestehende Bindungen, ob bewusst oder unbewusst, lassen eine neue Bindung nicht zu. Es gibt dann immer einen Teil in unserem Leben, den wir noch immer mit unseren Ex-Partnern teilen.

Nicht loslassen heißt aber, nicht frei sein.

Auch unsere alten Partner lassen wir nicht frei. Natürlich gestatten wir ihnen, wie auch uns selbst, neue Bindungen einzugehen. Aber wir wollen doch noch im Leben des anderen die erste Geige spielen. Genau genommen sind wir noch gar nicht bereit, uns wieder einzulassen. Wir haben eigentlich gar keine Lust, wieder von vorne anzufangen, wieder dieses ganze Spiel zu spielen von Annähern, Kennenlernen, Vertrauen fassen, eine eigene Geschichte aufbauen und sich am Schluss doch wieder nur verletzen lassen. Wir machen das alles nur, um nicht alleine bleiben zu müssen oder um endlich wieder etwas Sex zu haben.

Der alte Partner ist eben noch immer vertrauter. Er kennt uns schließlich mit all unseren Tiefen. Noch immer spüren wir die Verbundenheit, die wir mit dem neuen Partner noch gar nicht haben können. Wir sind vielleicht verliebt, verliebt in das Neue, aber ob wir jemals wieder diese Intimität aufbauen können ist fraglich.

Dabei ist es genau dieses Festhalten an alten, längst vergangenen Bindungen, was uns am Weiterleben hindert und uns zum Stillstand zwingt.

Man sollte anfangen es wahrzunehmen. Auch wenn es weh tut. Die alte Beziehung ist vorbei! Sie ist gelaufen. Man muss wieder neu anfangen. Anfangen zu vertrauen, dass man wieder für jemanden bedeutend sein kann. Dass man wieder geliebt werden wird. Und dass man auch wieder lieben wird, wenn man es nur zulässt.

Man sollte deshalb die ehemaligen Partner gehen und endlich neue Wege beschreiten lassen. Zurückkehren und sich auf sie einlassen will man nämlich auch nicht mehr! Auf keinen Fall, das hat man schließlich hinter sich, es hat ja nicht funktioniert. Trotzdem will man nicht loslassen.

Nicht von ungefähr werden ein Viertel aller Seitensprünge mit dem Expartner begangen. Gibt es noch mehr zu sagen? Loslassen ist eben nicht einfach. Wenn wir aber nicht lernen Vergangenes abzuschließen, sammeln wir nur Vergangenheit, bis wir nicht mehr fähig sind, die Gegenwart zu leben. Damit bestätigen wir aber wiederum unsere schlimmsten Befürchtungen. So werden wir tatsächlich nicht mehr in den Genuss einer tiefen Liebesbeziehung kommen.

Warum?

Weil wir nicht mutig genug sind, wieder etwas zu riskieren, etwas einzusetzen, nämlich UNS. Uns hingeben und loszulassen.

> **Erst wenn du Altes loslässt,**
> **kannst du dich auf Neues einlassen.**

Solange wir die alten Partnerschaften mit uns herumtragen, leben wir im ständigen Vergleichen: Da war es witziger, dort war es sinnlicher, hier war es tiefer, romantischer, ehrlicher, aufregender. Natürlich kann der jetzige Partner vieles nicht. Aber nur, weil wir ihm gar nicht die Chance geben, dass er in unserem Leben etwas ausmachen und sich mit uns weiter entwickeln darf. Wir öffnen keine neuen Räume, so dass er seinen Platz bei uns einnehmen könnte. Viele Plätze gehören einfach noch immer unseren alten Partnern.

Meist sind es sehr emotionale Plätze, dort, wo wir etwas Wundervolles oder tief Berührendes erlebt haben. Häufig sind es auch Orte, wo wir tief verletzt wurden, so tief, dass wir noch immer nicht bereit sind, davon loszulassen. Gerade die Verletzungen sind es sehr oft, die uns so gebunden halten.

Aber auch die Momente, in denen *wir* verletzt haben. Es ist nämlich gar nicht so einfach, sich selber einzugestehen, dass man Menschen, die man einmal geliebt hat und die sehr wesentlich waren, dass man gerade diese wunderbaren Menschen so tief verletzt und enttäuscht hat. Und nun kann man es nicht mehr ändern. Oder gar rückgängig machen.

Aber genau damit müssen wir uns abfinden. Es ist vorbei. Es gibt nichts mehr zurückzunehmen. Unser alter Partner ist nicht mehr da! Jedenfalls nicht für uns. Er heilt nicht unsere Wunden. Er erinnert uns nur an unser Scheitern, unsere Einsamkeit und unseren Trennungsschmerz. Und genau damit verhindern wir unser Leben.

Wenn wir nicht schaffen Altes und Vergangenes loszulassen, kann unser jetziger Partner diese »besetzten« Bereiche nicht einnehmen. Er kann seinen Platz nicht ausfüllen. Er darf in der Beziehung nicht vollständig sein. Die Folge davon ist, dass dann beide nicht vollständig sind. Das verletzt und trennt. Unser Partner muss feststellen, dass er nicht genügt. Dass er in gewissen Punkten für uns nicht groß genug ist, dass wir ihm nicht vertrauen.

**Festhalten an Vergangenem,
ist gleichzeitig Verhindern des Gegenwärtigen.**

Erst wenn man die alte Partnerschaft vollständig loslässt und damit auch die Verletzungen und die Trauer darüber, dass es wieder einmal gescheitert ist, erst dann hat der neue Partner eine Chance, auch wirklich ein Partner zu sein.

Loslassen bedeutet vollständig loszulassen

Beobachte dich beim Lesen der nächsten Seiten genau. Je größer der Widerstand gegen nachfolgende Handlungen wird, desto gebundener ist man noch. Was jetzt kommt ist nicht leicht. Doch wenn man wirklich eine tiefe Liebesbeziehung haben möchte, führt kein Weg daran vorbei.
Bist du wirklich dazu bereit? Beobachte dich genau. Welche Abwehrmechanismen kommen hoch? Was belächelst du, was findest du unwichtig? Der Verstand rebelliert auf verschiedenste Weise. Am liebsten macht er Unbequemes lächerlich. Welche Methoden der Abwehr sucht sich dein Verstand aus?
Also, fang an. Lies die folgenden Seiten nicht nur, sondern setze sie auch wirklich in die Tat um.

Triff dich nicht mehr mit deinen Ex-Partnern! Telefoniere nicht mehr mit ihnen. Auch keine SMS. Wirf alle Telefonnummern weg!
Wenn du umziehst, gib deine neue Adresse nicht weiter. Schon gar nicht deine Handynummer. Schreib auch nicht. Ab jetzt bist du nicht mehr erreichbar! Und du weißt auch nicht, wie du ihn erreichen könntest. Du weißt nicht mehr, was er tut, ob er alleine ist, einen neuen Partner hat oder weggezogen ist!

Vernichte alle Bilder und Briefe, vor allem die intimen Botschaften und Liebesbriefe. Mach es! Verbrenne sie! Sie haben keine Gültigkeit mehr. Sie entsprechen nicht mehr der Wahrheit. Wenn du sie liest, verharrst du nur wieder in einer längst vergangenen Emotion. Immer und immer wieder holst du hoch, was nicht mehr zu dir gehört.
Fang an: Leg das Buch beiseite, hol deine Briefe aus deinem Versteck und verbrenne sie. Erst dann merkst du, wie sehr du noch immer verhaftet bist und wie schwer es dir fällt, dich wirklich zu lösen. Tu es. Du wirst erstaunt sein, wie viel Verdrängtes hochkommen wird, Trauer, Wut, Wehmut. Alles Verlorene, nie Wiederholbare, all das klebt auf uns wie eine zweite Haut, ohne dass wir es wissen. Aber wir können es abstreifen, wenn wir wirklich wollen!
Lass all diese Gefühle zu, lass dir Zeit, und übergib sie dem Feuer.

Das Vergangene gehört nicht mehr zu dir. Binde dich nicht daran. Lebe in der Gegenwart.

Schließ mit dem Alten vollständig ab. Räum deine Wohnung um, finde einen anderen Platz für dein Schlafzimmer, kauf dir neue Bettwäsche und Kleidungsstücke, trenn dich insbesondere von denen, die dich mit der alten Beziehung verbinden. Also von denen, die dem anderen so gut gefallen haben. Sollten es Möbelstücke sein, vielleicht der Küchentisch, auf dem ihr euch geliebt habt, raus damit. Wirf alle Erinnerungen weg und fang ein neues Leben an. Du tust das in erster Linie für dich, nicht für deinen neuen Partner. Du schneidest *dich* sonst vom Leben ab.

Alles Vergangene bindet dich und wenn du noch immer gebunden bist, kannst du keine neue Bindung eingehen. Du möchtest, dass all die Plätze neu belegt werden – dann musst du sie erst frei räumen. Wenn du damit anfängst, wirst du erstaunt sein, wie viel Vergangenes sich in deinem Leben angesammelt hat. All dies schleppst du ständig mit dir herum. Aber du kannst alles loslassen. Du musst es nur tun.

Frag niemanden nach ihm, nicht einmal danach, wie es ihm geht oder mit wem er jetzt zusammen ist. Gib dich nicht der Wehmut hin. Gib der Sehnsucht, wie es einmal war, keine Nahrung.
Schwelge nicht mehr in der Vergangenheit, auch nicht mit deinen Freunden. Denk weder an die wundervollen Momente, an die angenehmen Gewohnheiten, noch an die Intimitäten und schon gar nicht an die Verletzungen, die ihr euch zugefügt habt und die bis heute noch nicht verheilt sind. Verletzungen binden stärker, als du es dir vorstellen kannst.
Wenn überhaupt, dann sprich mit deinem neuen Partner über die Verletzungen, die du erlitten und anderen zugefügt hast und bis heute nicht losgeworden bist. Er ist dein Ansprechpartner.

Vergangenes kann man am leichtesten loslassen, wenn man die entstandene Leere mit neuen Erfahrungen besetzt. Dann mach sie, die neuen Erfahrungen, frei und ungebunden. Mach sie mit deinem neuen Partner. Bau eine neue, gemeinsame Geschichte auf.

Aber können sich denn aus ehemaligen Partnerschaften nicht auch Freundschaften entwickeln?
Natürlich. Irgendwann einmal! Aber nicht jetzt! Sondern erst dann, wenn unsere neue Beziehung gefestigt und erfüllt von unserer Liebe ist und wir wirklich von allem emotional vollkommen frei sind.
Aber wann sind wir emotional frei? Woran merken wir das?
Wir sollten uns einfach mal folgendes vorstellen: Unser ehemaliger Partner hat einen neuen Menschen gefunden, mit dem er glücklich und zufrieden ist und wir wissen, dass er all das nun mit ihm erlebt, was wir mit ihm erlebt haben.
Was immer die schönsten, intimsten Momente waren. Vielleicht war es der gemeinsame Spaziergang im Wald, der zärtliche Kuss vor dem Einschlafen, das erste Lächeln beim Aufwachen, der Morgenkaffee im Bett, das gemeinsame Bad oder die intimen Liebesschwüre, das sinnliche Stöhnen, die grenzenlose Hingabe, das erschöpfte Atmen, vielleicht war es der Wunsch nach Kindern. Oder eben die Liebe auf dem Küchentisch. Was immer es war, erst wenn es einem gleichgültig ist, dass jetzt ein anderer Mensch »unsere« Position einnimmt, wenn man wirklich keine Emotion dazu mehr hat, weder positiv noch negativ, erst dann ist man wirklich frei.
Aber das geht nicht über Nacht, das braucht seine Zeit. Manchmal ist es eben nicht so leicht, sich zu lösen.

Es kann nämlich auch sein, dass wir uns bereits gelöst haben und frei sind, aber unser ehemaliger Partner nicht. Dann wird er stets bestrebt sein, dass wir an ihn denken und hoffen, dass unsere neue Beziehung nicht wirklich erfüllend ist. Das würde seinen Verlust sonst nur vergrößern. Es bleibt ihm dann nur die Hoffnung, dass unser neuer Partner kein wirklicher Ersatz für ihn ist. Wer will schon hören, dass der Nachfolger wesentlich »besser« sei?
In seiner Ruhelosigkeit wird er dann unseren Kontakt suchen und nur ein Ziel verfolgen: die neue Partnerschaft zu stören. Er wird uns

das Gefühl geben wollen, dass die Trennung einen schmerzlichen Verlust für uns bedeutet und dass in unserem Leben nie wieder so etwas Tiefes entstehen wird.

Deshalb – grenze dich ab! Du führst ein neues Leben und dein Mittelpunkt ist dein neuer Partner. Wenn es auch nicht leicht für dich ist eine neue Liebe zuzulassen, es ist deine einzige Chance.
Mit dieser Klarheit machst du es deinem alten Partner ebenfalls leichter sich neu zu orientieren.
Und hab Vertrauen, wenn es irgendwann im Leben wichtig sein sollte, dass ihr wisst, wie es euch geht, dann werdet ihr euch wiederfinden. Als Freunde, mit einer gemeinsamen, zurückliegenden, gelösten Vergangenheit.
Und wenn man sich jetzt noch nicht so leicht lösen kann, wenn man noch immer Sehnsucht nach seinem alten Partner hat, dann ist das eben so. Gefühle kann man nicht unterdrücken. Aber dann sollte man mit seinem jetzigen Partner darüber reden und nichts zurückhalten. Man sollte zeigen, wie man wirklich empfindet und wo man noch nicht loslassen kann. Loslassen ist eben nicht so einfach. Aber zeige, wie schade du es findest, dass du ihm, als deinem jetzigen Partner, diesen Raum nicht uneingeschränkt zur Verfügung stellen kannst.
Rede mit deinem jetzigen Partner! Lass ihn teilhaben an deinen Sorgen, deinen Ängsten, deinen Sehnsüchten, deinen Verletzungen, deinem Nachhängen, den Vorbehalten und der Trauer. Das macht ihn vollständig. Und dich bringt es zurück in die Beziehung. Dein Partner beginnt dich zu verstehen und mitzufühlen. Er begreift, dass es nicht an ihm liegt, sondern allein an dir. Halte nichts zurück. Nur dann hat dein Partner die Freiheit der Entscheidung, ob er es mit dir gemeinsam durchstehen will. Nur wenn er die Freiheit hat, kann er freiwillig bei dir bleiben. Und nur wer die Wahl hat, kann wirklich lieben.
Sieh es einfach einmal so. Verbringst du deine Zeit mit deinen alten, vergangenen Lieben – und sei es nur in deinem Kopf – so verbringst du deine Zeit nicht mit deinem Partner.

Deine neue Partnerschaft hat nur dann eine wirkliche Chance, wenn du neues Gemeinsames aufbaust. Wenn ihr beide eine eigene Geschichte entwickelt. Nur dann wirst du dich unbelastet und losgelöst in einer wundervollen Beziehung wiederfinden: in deiner wundervollen Beziehung.

Glücksregel 7

Rede mit deinem Partner

Laut einer Statistik reden Partner sieben Minuten am Tag miteinander. Sieben Minuten!
Darin eingeschlossen: »Hast du den Müll rausgebracht?«, »Wer bringt das Kind zur Schule?« und »Bring mir bitte ein Bier mit.« Sieben Minuten!
Und das ist nur der Durchschnitt. Das bedeutet, einige reden sogar noch weniger miteinander!
Wenn das wahr ist, so findet, abgesehen vom Organisieren des Haushalts, nach einer gewissen Zeit in Beziehungen kein wirkliches Gespräch mehr statt.
Aber wer nicht redet, teilt sich nicht mit. Wer sich nicht mitteilt, wird nicht verstanden. Wer nicht verstanden wird, fühlt sich abgelehnt und ungeliebt. Jeder lebt dann sein eigenes Leben, scheinbar zusammen und doch tief im Inneren getrennt.

Wir reden nicht mehr, wir lassen reden.

Zuhause, abends, reden wir nicht mehr. Wir lassen reden. Im Fernsehen werden Talkshows immer beliebter. Das Einzige, was wir noch sagen, ist: »Psst, sei doch mal still, ich verstehe gar nichts.«

Reden bringt Leichtigkeit

Erinnere dich, als du dich frisch verliebt hattest, da gab es tausend Worte – mit dem gleichen Partner, mit dem du heute schweigst. Jedes Detail deines Lebens wurde damals besprochen und war es noch so belanglos. Jeder Flügelschlag eines Schmetterlings, selbst der verpasste Bus war interessant. Das Mitteilen machte dich lebendig. Dabei ging es nicht um den Schmetterling oder den Bus, man hätte auch etwas anderes erzählen können. Es ging um die Gefühle, die dabei entstanden sind. Es war jemand da, der einen ernst nahm. Man war wichtig. Man hatte etwas ausgemacht im Leben. In dieser Phase hätte man alles für den Partner getan.

Da war jemand, der zuhörte, der Interesse zeigte und Verständnis aufbrachte, der sich gemeinsam mit einem aufregte und sich für die gleichen Dinge begeisterte. Man hat sich in ihm wiedererkannt. Man hat Gleiches gefunden und über die Gleichheit Tiefe empfunden. Das wichtigste Mittel hierfür war Kommunikation. Dies erst ließ die Beziehung entstehen. Am Anfang der Beziehung war davon reichlich vorhanden. Und man war glücklich.

Natürlich! Denn Paare, die viel reden sind glücklicher und die Beziehung ist wesentlich stabiler. Selbst wenn sie nur Belangloses austauschen, selbst wenn sie sich nur über ein Plakat an der Hauswand aufregen oder über die Kleidung einer Passantin. Sie nehmen beide aktiv am gemeinsamen Leben teil, sie freuen sich gemeinsam und sie empören sich gemeinsam. Reden verbindet. Reden, reden, reden und genauso viel zuhören. Beim Einkaufen, vor dem Fernseher, im Bett, beim Sex, beim Frühstücken. Das Leben ist dann ein gemeinsamer Austausch von Gedanken und Meinungen. Lachen, tratschen, amüsieren, bequatschen. Alles ist wichtig genug, besprochen zu werden: der Freund, der jetzt noch eine Jüngere hat, der komplizierte Automat in der Straßenbahn, der kleine Autounfall an der Ecke, die hohe Telefonrechnung, die dämlichen Öffnungszeiten der Post.

Solange ihr noch miteinander redet, gibt es Hoffnung.

Reden bringt Nähe. Reden bedeutet, am Leben teilnehmen. Es lässt alles leicht, heiter und fließend erscheinen. Manchmal kann man gar nicht bis zum Abend warten, seinem Partner etwas mitzuteilen, schnell ans Telefon und schon geht es wieder los. Wer viel redet, zeigt, dass er Interesse an seinem Partner hat. An seinen Gedanken und seiner Meinung. Für ihn ist die Beziehung Unterhaltung in bester Form. Die Beziehung ist im Fluss.

> Beziehung ist Entertainment pur.

Das Schlüsselwort ist das *gemeinsame* Teilnehmen am Leben, das gemeinsame Verarbeiten von Eindrücken. Spricht dagegen nur noch einer, hat ein Partner wahrscheinlich eine Mauer des Schweigens um sich errichtet, während der andere zum Ausgleich den Gegenpol vertritt und ihn totredet. Wenn man aber einseitig den Partner mit Banalitäten zuschüttet, können Worte genau das Gegenteil von gemeinsamem Erleben bewirken. Sie schaffen Distanz und verhindern Nähe. Der Partner wird als Ausgleich die stumme Verweigerung verstärken und die errichtete Mauer vergrößern und sich nur noch nach Ruhe sehnen. Er wird die Kommunikation verweigern und sich immer mehr in seine eigene Welt zurückziehen, während der andere die hilflosen Versuche intensiviert und jedes Detail im Leben kommentiert. Nicht nur verletzende oder beleidigende Worte können eine Beziehung stumpf werden lassen, sondern auch leere, ins Nichts gesprochene Worthülsen.

Tatsächlich ist so ein Verhalten meist ein untrügliches Zeichen dafür, dass einer der Partner längst aus der Beziehung ausgestiegen ist und sie nur noch stumm erträgt.

Aber genau aus dieser stummen Welt sollten beide wieder heraus. Beide sollten wieder in die Welt der Worte einsteigen, damit man gemeinsam am Leben teilnimmt.

Wie wichtig Reden ist, auch nur über das scheinbar Oberflächliche, weiß man spätestens dann, wenn das bunte Leben verstummt. Wenn jedes Wort auf die Goldwaage gelegt wird und ein Gespräch nur noch in Vorhaltungen oder endlosen Monologen endet.

> Über Worte entsteht Austausch
> und über das Sich-Austauschen
> kann auch Liebe entstehen.

Wir wollen reden, wir wollen uns austauschen und wenn es nicht mit unserem Partner geht, dann eben mit anderen. Nur erfahren wir so viel von anderen und wenig von unserem Partner. Das hört sich nach langsamer Entfremdung an.

Dann bleibt man in der Sprachlosigkeit seiner eigenen Gedanken, und beschäftigt sich mit tausend Dingen, in der stummen Einsamkeit seiner unerfüllten Sehnsüchte, die man mit seinem Partner nicht mehr teilt. Aber warum hat man aufgehört sich mitzuteilen?

Es gibt immer Gründe, warum der Redefluss versiegt ist. Mangelndes Interesse oder Verletzungen, die aus Angst vor Konflikten nicht mehr angesprochen werden. Oder aber Verhaltensmuster, die wesentlich weiter zurückliegen.

Ist aber die Kommunikation versiegt, so erlebt man etwas, was man nicht haben will. Einsamkeit und das Gefühl in der falschen Beziehung zu stecken. Jeder lebt für sich, aneinander vorbei, Tag für Tag, es geht schon irgendwie. Träume und Sehnsüchte bleiben auf der Strecke, keiner weiß mehr so richtig, warum man eigentlich zusammen ist. Die Verbindung hat sich irgendwann, irgendwo verloren. Man wird dann sicherlich viel über Verletzungen wissen, aber nur wenig über seinen Partner.

Man wundert sich nur, dass das Verständnis immer mehr abnimmt. Man hat sich anscheinend nichts mehr zu sagen. Aber das stimmt nicht. Man ist nur aus der Übung gekommen. Erinnere dich einfach wieder, wie es am Anfang war: jeder Flügelschlag des Schmetterlings, der verpasste Bus. Gib nicht auf. Rede. Gerade weil ihr euch so lange nicht mehr über Gemeinsames gefreut oder empört habt, gibt es jede Menge »Neues« zu entdecken und mitzuteilen. Du musst einfach nur wieder anfangen. Also, erschaffe wieder Kommunikation. Schalte den Fernseher aus, leg deine Zeitung beiseite, dein Partner ist viel spannender als jeder Film.

Dein Partner ist das wirkliche Leben.

Was auch immer ihr besprechen wollt, nichts ist zu unwichtig. Teilt euch wieder mit. Bringt die Beziehung wieder in Fluss. Bringt wieder das Spielerische in eure Beziehung. Reden ist das beste Mittel dazu.

Reden bringt Tiefe

Es gibt noch eine Form von Kommunikation, die über das wunderbare, schnell flirrende Miteinander weit hinausgeht. »Wahre« Kommunikation ist noch mehr als nur »Reden«.
Denn sonst wissen wir eines Tages vielleicht eine ganze Menge über die Nachbarn, den letzten Tratsch aus der Familie und welcher Freund sich gerade als schwul geoutet hat, aber überhaupt nichts über die Gefühle des Partners. Seine wirklichen Wünsche, seine Sehnsüchte und seine Verletzungen. Wie geht es ihm? Wie geht es ihm mit uns? Hat er alles, was er braucht? Und wie geht es uns selbst? Haben wir alles, was wir brauchen?

> **Wahre Kommunikation
> ist das Fundament einer Beziehung.**

Wer in seiner Beziehung generell gerne und viel redet, hat es scheinbar leichter. Da er bisher bereits an der Meinung seines Partners interessiert war, sollte er es auch leichter schaffen über sich zu reden, denkt man.
Das ist aber nicht immer so. Manchmal schotten wir uns gerade mit der Oberflächlichkeit der Worte ab, um uns nicht wirklich zeigen zu müssen. Viele Worte können also auch ein gutes Versteck sein. Nur scheinbar nehmen manche von uns mit vielen Worten am gemeinsamen Leben teil, nur scheinbar befinden sie sich in inniger Zweisamkeit. In Wirklichkeit aber ertragen viele keine Stille und vertrauen nicht der Nähe, die sich aus der Ruhe heraus entwickeln könnte. Lieber zerreden sie jegliche Annäherung oder kommentieren jedes Detail zu Tode. Worte können also auch ein herrlicher Schutz sein. Ein Mantel der jegliche Vertrautheit unterbindet. Worte können also auch einen wirklichen Austausch verhindern.
Aber es ist wichtig uns auszutauschen, erst recht über das, was uns so schwer fällt. Nämlich darüber, wie es tief in unserem Inneren aussieht. Verletzungen, Ängste, Minderwertigkeitsgefühle und alte, einengende Muster. Überall dort, wo wir uns von unserem Partner nicht angenommen, abgelehnt und unverstanden fühlen.

Wir wollen reden, aber wir können nicht immer so einfach. Manchmal werden wir nämlich sehr verschwiegen, wenn es um die eigenen Bedürfnisse geht.

Wenn es aber in der Tiefe keinen Austausch gibt, fühlen wir uns immer stärker getrennt. Dann wird auch das Leichte, Verspielte uns nicht darüber hinwegtäuschen, dass etwas Wesentliches fehlt. Und dann wird langsam Stille einkehren. Der Mangel an »wahrer« Kommunikation lässt nämlich die Leichtigkeit in der Beziehung versiegen. In dieser Stille fühlt sich aber keiner von uns wohl.

Wer nicht redet, gefährdet die Beziehung.

Schließ deine Tiefen also nicht aus deinem Leben aus. Du bist es, der darunter leidet. Schließ auch deinen Partner nicht aus deinem Leben aus. Lass den natürlichen Fluss der Beziehung wieder zu.

Wenn man alles in sich hineinfrisst, wird eine Verständigung nur immer schwieriger und irgendwann ist die trennende Lawine nicht mehr zu stoppen.

Aber wie fängt man an? Nach all den Jahren? Stell Fragen. Finde wieder interessant, was dein Partner zu sagen hat. Lass ihn erzählen. Was empfindet er, was braucht er, was fehlt ihm, was regt ihn auf, was macht ihn glücklich?

Gib deinem Partner nur einmal die Aufmerksamkeit, die du allabendlich dem Fernseher schenkst.

Hör wieder zu, nimm wieder teil und lass dich auch einmal auf eine andere Sichtweise ein.

Betrachte die Welt aus den Augen deines Partners.

Du wirst erstaunt sein, wie neu und anders die Welt aussehen kann. Wenn du einen Schritt auf deinen Partner zugehst, kannst du herausfinden, in welcher Beziehung er sich befindet. Nicht immer ist es die gleiche wie deine. Vielleicht hast du deine Partnerschaft völlig anders gesehen als er.

Um die scheinbar vertraute Welt einmal mit anderen Augen zu erfassen, brauchen wir nichts anderes zu tun als zuzuhören, ohne sofort eine Antwort parat zu haben.

Und dann, teile auch du dich wieder mit. Dich *mit jemandem teilen*. Jemanden teilhaben lassen an deinem Leben. An deinen Träumen, deinen Sehnsüchten, deinen Wünschen, deinen Gefühlen oder an der Hilflosigkeit, nicht über Gefühle sprechen zu können. Sprich über deine Kindheit oder über Gedanken, die immer wieder hochkommen, deine Ängste nicht zu genügen, alt zu werden, nicht schön genug zu sein, nicht bestehen zu können. Damit geben wir unserem Partner die Möglichkeit zu erfahren, wer wir wirklich sind, jenseits aller Rollen, die wir sonst spielen.

Vor allem werden wir etwas Seltsames feststellen. Unserem Partner geht es wahrscheinlich genauso wie uns. Er hat die gleichen Verletzungen, die gleichen Enttäuschungen, er spürt die gleiche Einsamkeit und das gleiche Gefühl, nicht verstanden zu werden.

In Beziehung zu treten bedeutet sich auszutauschen.

Wenn wir anfangen, uns wieder über unsere wahren Gefühle auszutauschen, ohne Vorwürfe oder Schuldzuweisungen, werden wir vielleicht am Anfang betroffen sein, wie es so weit hatte kommen können. Aber dahinter warten die ersehnte Nähe und Vertrautheit. Denn wenn echte Kommunikation stattfindet, wird unsere Beziehung funktionieren. Kommunikation bedeutet Austausch und Verständnis.

Streit kann auch eine Form von Kommunikation sein

Natürlich kann Kommunikation auch laut und heftig sein, euphorisch oder manchmal auch trennend oder traurig, ernsthaft und hilflos, weil man unterschiedlicher Meinung ist. Immer jedoch erschafft wahre Kommunikation genau das, was man so sehr vermisst, eine Einheit. Eine tiefe Verbundenheit.

Denn eins ist inzwischen erwiesen: Partnerschaften, in denen öfters gestritten wird, sind wesentlich stabiler als solche, in denen jede Auseinandersetzung vermieden wird. Wo gestritten wird, kann jeder seine Bedürfnisse, Hoffnungen, Sehnsüchte und Ansprüche artikulieren. Es findet ein Austausch statt. Unser Partner erfährt etwas von unseren Wünschen und unseren Enttäuschungen.
Streit ist nichts Negatives. Er gehört genauso zum Austausch wie Nähe. Wir bewegen uns immer in einer Pendelbewegung. Nach einer Phase der Nähe kommt eine Zeit der Distanz, nach einem Streit die Versöhnung, nach der Symbiose kommt unweigerlich auch wieder die Abgrenzung. Distanz und Nähe wechseln sich immer ab.

Streit gehört genauso in eine Beziehung wie Harmonie.

Das Mitteilen unserer Gefühle zeigt dem Partner, dass wir ihn ernst nehmen, dass wir uns austauschen wollen, und wenn es sein muss auch vehement. Auch unser Partner fühlt sich auf diese Weise besser verstanden und respektiert, denn auch er muss seine Gefühle nicht in ein emotionsloses Niemandsland schicken. Auch er darf mitteilen, wie es ihm mit uns geht. Auch er darf laut sein.

Ewiger Sonnenschein schafft nur Wüste.

Dauerndes Harmoniestreben schafft nur Konflikte, weil viele Reizthemen nicht angesprochen werden dürfen. Auf diese Weise staut sich so einiges an, das nicht berührt werden darf. Jeder fühlt sich unverstanden und abgewiesen und irgendwann herrscht völlige Sprachlosigkeit.

Also, in welcher Form auch immer: Kommunikation stärkt die Liebe. Kommunikation entsteht, weil wir sie zulassen. Kommunikation ist ein Fluss zwischen zwei Menschen, egal ob laut oder leise.
Bist du also der Meinung, dass dir so einiges in der Partnerschaft fehlt, so rede mit deinem Partner darüber.

Glaubst du, du hältst es nicht mehr aus, so rede. (Schlimmer kann es schließlich nicht mehr werden.) Bist du sexuell unbefriedigt und hättest gerne mehr oder anderes oder einfach nur Abwechslung, so rede. Schenk deinem Partner reinen Wein ein. Egal was passiert, mit Ehrlichkeit gibst du dir und deinem Partner die Würde zurück.

> **Wenn du nicht ehrlich bist, kannst du keine Ehrlichkeit von deinem Gegenüber erwarten.**

Auch nicht von deinem nächsten Partner. Da kannst du so oft tauschen, wie du willst. Wenn du nicht lernst, über deine Gefühle zu reden, wirst du es auch bei deinem nächsten Partner nicht können.
Wenn du nicht redest, wird sich auch nichts in dieser Partnerschaft ändern. Dein Partner braucht dein Feedback. Wenn er nicht weiß, wie es dir geht, kann er auch nicht reagieren. Lass ihn deinen Mangel wissen. Lass deinen Partner daran teilhaben. Löse diesen Mangel gemeinsam mit ihm. Nichts ist schlimmer als in Lüge zu leben, so hart die Wahrheit auch sein mag. Mit der Wahrheit kann man immer umgehen. Die Wahrheit wird immer für beide eine Erlösung sein, weil nur mit ihr der Weg in die Tiefe beschritten werden kann. Solange man redet, gibt es Hoffnung. Die schlimmste Strafe ist, nicht zu kommunizieren.

Reden ohne Worte

In den vorangegangenen Kapiteln wurde zunächst sehr viel Wert auf das gesprochene Wort gelegt, weil gerade das Gespräch, also das gegenseitige verbale Austauschen in den meisten Beziehungen mit der Zeit verloren geht. Die Statistik der Sieben Minuten spricht hier eine deutliche Sprache. Das Gespräch ist also die Grundvoraussetzung eine Beziehung entweder am Laufen zu halten oder sie wieder vom aufgelaufenen Grund zu befreien.

Es gibt jedoch jenseits der Worte noch eine weitere Form des Austausches. Das Gespräch ohne Worte.

Tiefes Glück lässt sich nicht immer in Worte fassen. Manchmal banalisiert die Sprache das Erleben.
Wir alle haben solche Momente schon einmal erlebt. Jeder von uns kennt das Gefühl, wenn die Blicke in die Seele des anderen eintauchen, wenn eine Geste tiefes Verständnis erzeugt, wenn ein Lächeln oder eine nicht zurückgezogene Hand das gemeinsame Erleben verstärkt.
Der stille, in der Tiefe berührende Waldspaziergang, das gemeinsame Betrachten eines Sonnenunterganges, der Morgen nach einer wundervollen Nacht, oder mitten unter Menschen die wortlose, aber nicht minder beredte Sprache der Seele, die in diesem Moment nur diese zwei Menschen wahrnehmen.

Wenn Schweigen erfüllt ist von dem Gefühl der Zusammengehörigkeit, dann geschieht etwas sehr Machtvolles zwischen zwei Menschen. Die Seele weiß, dass sie gleich schwingt, Gleiches fühlt, Gleiches erlebt, sie fühlt sich erkannt und verstanden.

In der Stille liegt manchmal die größte Kraft.

Stille Kommunikation ist der Austausch vom tiefen Sein, und ist sie immer wieder in einer Beziehung vorhanden, gibt es nur eins, was dort vorherrscht – tiefe Liebe und Verständnis.

Stille Kommunikation ist also nicht das Zurückhalten von Worten oder das stumme Ertragen einer Situation. Es verstärkt auch nicht die Sprachlosigkeit der Beziehung.
Stille Kommunikation ist ein magischer Austausch, ein stiller Fluss voll authentischer Wahrhaftigkeit. Das Erkennen des anderen in seiner Tiefe.
Sie lässt uns im gemeinsamen Erleben groß und würdevoll erscheinen. Wir sind glücklich. Wir fühlen uns verbunden. Selbst in Momenten der Trauer, im Ertragen eines Verlustes kann das gemeinsame stille Erleben eine ungeheure Nähe und Verbundenheit schaffen.
Stille Kommunikation kann man sich nicht vornehmen. Sie ent-

steht, wenn sie Raum und Zeit hat. Wir müssen nur genügend Mut aufbringen, die Stille entstehen zu lassen. Dann können die wundervollen Momente ohne Worte zwei Liebende zu einer Einheit verbinden. Dann gibt es einen tiefen Austausch zwischen dir und deinem Partner.

Tiefes Verständnis fördert tiefe Liebe.

Wahre Kommunikation erschafft Liebe und tiefe Zufriedenheit. In diesen Augenblicken ist man sich nah. Nah dem Partner und nah sich selbst. So fühlt sich eine glückliche Beziehung an.
Wir fangen an authentisch zu sein. Und unser Partner ebenfalls.

Glücksregel 8

Sprecht über das, worüber man nicht spricht – Sex

Du entscheidest, wie erfüllt deine Sexualität sein soll.

Über Sex wird fast nie geredet. Zumindest nicht über den eigenen. Selbst nach Jahren des Zusammenseins sind sich Partner nur selten darüber im Klaren, was der andere wirklich gerne möchte. Unermüdlich wird nach Herzenslust geknetet und gewalzt, ohne wirklich zu wissen, ob das beim Partner auch tatsächlich so gut ankommt. Vieles ist für ihn vielleicht so erotisch, wie das Walken eines Teigs. Und trotzdem sagt er es dir nicht!

Obwohl Sex ein natürliches Bedürfnis wie Essen und Trinken ist, wissen wir oft fast alles über die kulinarischen Vorlieben des Partners, aber nichts über die sexuellen. Je länger wir diese verschweigen, desto verkrampfter wird unser Sex werden. Vor allem, weil wir ihn immer öfter zu vermeiden suchen.

Aber die mangelnde Erfüllung in unserer Sexualität werden wir immer stärker zu spüren bekommen. Wir können sie nicht verdrängen. Verdrängen treibt uns nur in die Unzufriedenheit und früher oder später in die Arme einer anderen Person. Also sollten wir uns mitteilen. Schließlich erzählen wir auch gerne, welche Nahrungsmittel unserem Körper gut tun. Warum nicht, welche Streicheleinheiten?

Sich mitteilen schafft Vertrauen, erst recht beim Sex.

Sich jenseits aller Scham mitzuteilen, das erst ist wirkliches Zulassen von Intimität.

Unser Partner bringt ein wundervolles Paket an Angeboten mit in die Beziehung, das uns reicher und vollständiger macht. Blick nicht nur auf den Mangel. Erkenne auch den Reichtum.

> Sich in einem stillen Moment zu offenbaren,
> ist das größte Geschenk.

Es kann Teil des Reichtums der Beziehung sein, dass wir unserem Partner so sehr vertrauen, dass wir ihm zeigen können, was unser Körper alles liebt, was uns z. B. leichter zum Orgasmus verhilft. Aber wir sollten ihm natürlich auch zeigen, was unser Körper nicht so sehr mag, was uns eher abtörnt. Jeder Mensch reagiert anders, jeder Körper empfindet verschieden. Unser Partner kann nicht wissen, was uns wirklich gefällt, wenn wir es ihm nicht sagen.

> Ohne deine Hilfe ist dein Partner aufgeschmissen.
> Dann muss er raten.

Er kennt vielleicht nur das Programm, das bereits bei unseren Vorgänger/Innen angekommen ist. Vielleicht mögen wir aber etwas ganz anderes. Wenn wir ihn nicht anleiten, hat er jedenfalls keine Ahnung und spult nur ewig sein Repertoire herunter.
Für sich selbst weiß unser Partner jedenfalls ganz genau, was er gerne möchte, aber wahrscheinlich traut er sich genauso wenig darüber zu sprechen wie wir. Denn wenn wir nicht über Sex reden, wird er es auch nicht tun.
Auf diese Weise werden wir aber nie erfahren, was er wirklich mit uns alles gerne machen würde, wenn er nur dürfte. Und er will es mit *uns* erleben. Mit niemandem anderem. Nur leider werden wir es nie erfahren. Denn wir werden ihn auch nicht fragen. Aus Sorge, wir könnten vielleicht nicht genügen. Dahinter stecken aber nur Minderwertigkeitsgefühle und die Angst, nicht geliebt zu werden

> Liebe ist keine Frage der richtigen Griffe.

Ansonsten werden wir, ebenso wie unser Partner, solange unzufrieden herumlaufen, bis einer von uns einmal per Zufall, den »richtigen« Partner mit den richtigen Griffen trifft. Dieser muss aber noch lange nicht der Mensch sein, mit dem man sich auch sonst versteht. All die ganze Unzufriedenheit also nur, weil wir es nicht gelernt haben, darüber zu reden.

Je länger man aber zögert, desto schwieriger wird es werden. Denn wenn man anfangs, wo es noch leichter wäre, sich nicht mit seinem Partner über seinen Körper und seine wirklichen Bedürfnisse ausgetauscht hat, wird man es später erst recht nicht mehr tun.

Vor allem dann nicht, wenn sich unsere Wünsche und Sehnsüchte verändert haben.

Ändern werden sie sich in jedem Fall.

Vorlieben werden sich wandeln

Unsere sexuellen Vorlieben haben sich lange vor der jetzigen Partnerwahl ausgeprägt. Viele unserer Erfahrungen, positiv wie auch negativ, wurden bereits vor langer Zeit gemacht und werden nun über den Körper wieder ausgelebt. Sexuelle Vorlieben sind also eine der besten Möglichkeiten, alte Erfahrungen so lange auszuleben, bis sie gelöst sind.

> **Scheinbar erwachsen**
> steckt der Sex noch immer in der Pubertät.

Belegt mit Ängsten und Tabus haben wir unseren Partner getroffen und mit ihm voller Neugierde diese »begrenzte« Sexualität weiterentwickelt. Mit der Zeit befreien wir uns von Angstvollem und mit Vorurteilen Beladenem. Man liebt sich im Laufe der Beziehung frei.

Wir werden erwachsener und reifer. Auch in der Sexualität. Wir verlieren viele Hemmungen und legen die Verklemmtheiten der ersten Sexualität ab. Wir wachsen mit dem Zulassen der Sexualität. Neue Phantasien und Vorlieben werden deutlicher und klarer, der Mut etwas anderes, auch tabuartiges, ausprobieren zu wollen, wird langsam fühlbarer.

Was uns anfangs vielleicht fasziniert hat und als Tabu betrachtet

wurde, kann heute als völlig normal angesehen werden. Viele der bisherigen Rollen wollen schließlich gesprengt werden.
Gleichzeitig wächst aber auch die Scham, dies dem Partner mitzuteilen. Schließlich möchten wir nicht als pervers angesehen und abgewiesen werden. Vor allem, wenn wir nun, nach Jahren des stillen Zusammenseins, plötzlich von neuen, völlig anderen lustvollen Liebesspielen träumen, trauen wir uns natürlich nicht, den eingespielten Trott zu durchbrechen. Schließlich wollen wir den Partner auch nicht verletzen.
Tatsache ist aber, Vorlieben ändern sich im Laufe der Zeit. Auch deine. Auch die deines Partners.
Wie wichtig der richtige Partner ist, wirst du spätestens jetzt erfahren. Hast du nämlich einen Partner, der zu keiner Veränderung bereit ist, einen Partner, von dem du dich nicht wirklich aufgefangen und geliebt fühlst, dem du schon in anderen Dingen nicht vertraust, dann vertraust du ihm erst recht nicht deine neu entdeckten Wünsche in deinem intimsten Bereich an.
Aber diese Wünsche werden entstehen und Teil deiner Persönlichkeit sein.

> **Das, was du dich heute nicht traust,
> kann morgen deine größte Sehnsucht sein.**

Beziehung ist Entwicklung. Wir entwickeln uns. Unser Partner entwickelt sich. Unsere Sexualität ebenfalls. Um die Veränderungen zuzulassen und vor allem auch zu äußern, brauchen wir ein Feld von Verbundenheit und Nähe.
Doch selbst dann kostet es immer noch Mut, im Bett Neues zu wünschen und auszuprobieren. Aber wenn wir es nicht tun, gefährden wir unsere Beziehung, weil immer etwas Trennendes zwischen uns stehen wird. Vor allem in unserem intimsten Bereich. Wir verschweigen unserem Partner einen Teil unserer Persönlichkeit.
Und wenn Sex uns nicht mehr wirklich befriedigt, werden wir Sex immer öfter meiden, ohne dass unser Partner unsere Wandlung nachvollziehen kann. Er wird unsere Veränderung natürlich immer

auf sich beziehen. Er wird glauben, dass wir ihn nicht mehr begehren. Er kann ja nicht wissen, dass sich »nur« unsere Wünsche und Vorstellungen gewandelt haben.
Also, auch auf die Gefahr hin als verdorben abgewiesen zu werden, sollte man über seine Wünsche sprechen. Besser in den Augen seines Partners als »verdorben« zu gelten, als sich selbst jeden Tag zu begrenzen und seinem Partner etwas vorzuspielen. Auf diese Weise lebt man nämlich sich selbst nicht mehr. Und der Partner hat keine Chance dich wirklich kennen zu lernen. Vielleicht hat er ja die gleichen Wünsche und Sehnsüchte. Vielleicht wartet er nur auf ein Zeichen von dir und würde sich endlich angenommen fühlen. Nur wenn man sich in seiner ganzen Sexualität zeigt, lässt man den Partner auch wirklich an sich teilhaben.
Grenze deinen Partner nicht aus. Teile dich mit. Ohne jedoch daraus eine Forderung zu machen. Es kann nämlich auch sein, dass dein Partner sexuell nicht so frei ist wie du oder dass er sich vielleicht nicht in die gleiche Richtung entwickelt hat. Vielleicht braucht er viel Liebe und noch etwas mehr Sicherheit, um dir auf unbekanntes Terrain zu folgen.
Wenn man sich noch nie über die wirklich intimen Wünsche ausgetauscht hat, braucht der Partner vielleicht etwas Zeit, um mit uns neue Wege zu beschreiten. Auch wir haben eine Entwicklung hinter uns, wenn auch eine stillschweigende, die ebenfalls Zeit gebraucht hat.
Sprecht also über eure Ängste und über eure vermeintlichen Tabus.

Ein Tabu wird immer tief emotional empfunden.

Die Verletzlichkeit und die Gefahr sich abgewiesen zu fühlen sind gewaltig. Sei behutsam. Aber gib zu erkennen, dass du nun durchaus bereit bist, dich Sachen zu trauen, die dir bisher fremd waren. Und dass du dich nur mit einem einzigen Menschen diese Sachen trauen würdest: mit deinem Partner.
Wie immer dein Partner reagiert, jetzt hat er wieder die Möglichkeit

an der Beziehung teilzunehmen. Weil du wieder teilnimmst. Jetzt weiß er, was du fühlst. Und du weißt, was er fühlt. Ihr seid wieder wahrhaftig.
Eure Beziehung ist in diesem Teil wieder wahrhaftig.

Glücksregel 9

Unterwirf dich keiner Norm
– erst recht nicht beim Sex

Sex ist einer der mächtigsten Urtriebe des Menschen, denn er sichert das Überleben unserer Art. Sex ist so gewaltig und allgegenwärtig, dass wir uns immer damit beschäftigen werden.
Dabei ist es ganz egal, ob Sex uns gefällt oder nicht, ob wir darüber reden wollen oder lieber schweigen, Sex wird immer eine der wichtigsten Rollen in unserem Leben spielen.
Entweder weil wir zuwenig Sex haben oder vielleicht überhaupt keinen oder aber zuviel oder weil wir vielleicht davon wie besessen sind. Oder weil wir Sex eigentlich nicht mögen, ihn am liebsten ganz vermeiden würden.
Alle Varianten aufzuzählen würde sicherlich ein eigenes Buch füllen. Tatsache jedenfalls ist, ob es uns gefällt oder nicht, ob wir darüber sprechen oder uns in Schweigen hüllen, ob wir ihn haben oder ihn vermeiden, Sex wird immer einer der wesentlichsten Bestandteile in unserem Leben und in unseren Beziehungen sein.
Manchmal sogar gerade, weil wir nicht darüber sprechen können.

> **Nirgends sind wir so verletzlich,
> wie in unserer Sexualität.**

Über dem, was uns wirklich tief berührt und was wir uns insgeheim wünschen, liegt meist der Schleier einer unaussprechlichen Scham. Mögen wir auch noch so vehement männlich oder sanftmütig weiblich auftreten, über die wirklichen Sehnsüchte in unserer Sexualität trauen wir uns meist nicht zu sprechen. Phantasien werden, aus Furcht vor Ablehnung, geheim gehalten. Selbst der eigene Partner weiß oft nichts von unseren heimlichen Wünschen und Vorstellungen. Sexualität unterliegt also einem enormen Tabu.

Obwohl wir so freizügig scheinen, haben wir nicht gelernt, über unsere eigene Sexualität zu sprechen. Nicht einmal unserem Partner gegenüber.

Solange wir mit unserer Sexualität aber nicht wirklich im Einklang leben, wird es immer etwas daran auszusetzen geben. Ganz egal, ob wir den Sex verdrängen, verweigern, eklig finden oder akzeptieren, fordern oder gar süchtig danach sind. Nur die wenigsten leben mit der eigenen Sexualität in vollständiger Zufriedenheit. Selbst in einer Phase, in der wir wunderbaren, erfüllenden Sex haben, werden wir Angst davor haben, dass diese Phase wieder endet und wir wieder alles verlieren werden.

Mit Sex beschäftigen wir uns also ständig.

Damit wir uns aber auch mit anderen, für das Überleben notwendigen Dingen beschäftigen, wurde Sex sehr oft unterdrückt. In Wirklichkeit gibt es dafür aber noch einen anderen, viel wesentlicheren Grund:

Sex eignet sich perfekt, um zu manipulieren.

Gerade weil der Trieb so ausgeprägt ist. Wir stecken in einem Körper. Wir erfahren uns über den Körper. Und Sex ist nun einmal die intensivste körperliche Erfahrung, die wir überhaupt machen können. Deswegen kann man mit Sex unser gesamtes Leben manipulieren, im Positiven wie auch im Negativen. Sex spürst du in jeder Faser, jeder Zelle deines Körpers. Sex ist also das intensivste körperliche Vergnügen, dass wir einem anderen Menschen gewähren können. Oder aber eben auch verweigern.

Und damit lässt sich Sex prächtig für alle möglichen Dinge nutzen. Mit Sex kann man den Partner dominieren, an sich binden, Differenzen ausgleichen oder gewaltigen Druck ausüben, den anderen klein halten, ihn Minderwertigkeitsgefühle erleben lassen oder aber ihn in Schuld halten. Wenn wir wollen, auch glücklich machen und auf Wolke Sieben schicken.

Je größer die Kontrolle und Unterdrückung sind, desto größer wird die gestaute Triebkraft, die nicht frei und losgelöst ausgelebt werden darf. Und damit lässt sich hervorragend spielen.

Die wahren Schlachten finden im Bett statt.

Dort entscheiden die Frauen über das Wohl und Wehe der Männer. Und umgekehrt. Dort werden Versager oder Helden geboren. Die tiefsten und schwersten Verletzungen, die größten Niederlagen oder die schönsten, wundervollsten Momente in unserem Leben, erfahren wir dort. Wir werden abhängig gemacht und wir wollen abhängig machen.

Die meisten Sachen, die mit Sex verknüpft sind, haben damit eigentlich gar nichts zu tun.

Gerade weil wir mit Sex so perfekt Kontrolle ausüben können, wird Sex so gerne mit so vielen anderen Dingen belastet.
Zur Partnersuche, um einen anderen Menschen in Besitz zu nehmen, um Macht zu erhalten, Abhängigkeiten zu schaffen, Sicherheit zu erkaufen, Kontrolle auszuüben, als Liebesbeweis, letzter Rettungsanker, um eine Schuld zu begleichen, den anderen zum Bleiben zu bewegen, Fesseln anzulegen, als Handel, als Konsum, als Rache, als Waffe, um sich aufzubauen, sich selbst seine eigene Größe zu beweisen oder um sich zu verlieren.
Manchmal auch um Lust zu empfinden.
Schon seltener um sich fortzupflanzen.
Sex verfolgt jedenfalls meistens ein Ziel. Sex ist nur selten absichtslos. An Sex werden meist stillschweigende Bedingungen geknüpft. Bedingungen, die eigentlich gar nicht dorthin gehören.
Da dies nun so ist, wäre es interessant, sich selbst einmal folgende Frage zu stellen:
Was möchte *ich* mit Sex erreichen? Was verbinde *ich* mit Sex? Welche Bedingungen, welche Ziele?
Und was möchte ich für mich selbst? Abgesehen davon, dass es Spaß machen soll. Mich nicht mehr minderwertig fühlen? Nicht

mehr alleine sein? Spüren wie begehrenswert ich bin? Mich als Frau (Mann) empfinden?

Wenn wir unsere Bedingungen und Ziele, die für uns mit Sex verknüpft sind, herausfinden, entdecken wir ziemlich schnell den Köder, mit dem man uns regelmäßig einfängt. Ja, genau *dich* und *mich*. Denn gerade durch die Bedingungen und Ziele sind wir herrlich berechenbar. Unser Gegenüber braucht nur glaubhaft auf unsere Bedingungen einzugehen, und sei es auch nur zum Schein, und schon beißen wir willig an. In Wirklichkeit beißen wir also in unseren eigenen Köder, den andere uns wieder zurückgeworfen haben.

Und das nur, weil wir glauben, dass wir mit Sex so einiges durchsetzen können.

Sex ist so flüchtig wie die Zeit

Was immer wir mit Sex erreichen wollen, das Dumme daran ist, dass er keinen Bestand hat.

Das, was wir mit Sex erreichen, lässt sich nicht konservieren. Die Angst, wieder alles zu verlieren, bleibt. Vor allem die Angst, dass, wenn unser Sexappeal irgendwann einmal nachlässt, wir keine wirkliche Kontrolle mehr ausüben können.

Immer werden wir befürchten, dass, wenn wir nicht mehr gut genug sind, ein anderer kommt, der besser sein wird. Befriedigen wir die körperlichen Bedürfnisse unseres Partners nicht mehr zur Genüge, wird er keinen Grund mehr sehen bei uns zu bleiben. Noch schlimmer ist, dass wir glauben mit einem verwelkten Körper erst gar keinen Partner mehr bekommen zu können. Die Angst, irgendwann nicht mehr attraktiv zu sein, ist gewaltig und bestimmt unser Leben.

Denn wir wissen natürlich um die Wichtigkeit von Sex. Vor allem wissen wir, wie wichtig er unserem Partner ist. Deswegen hoffen wir Ungenügendes durch andere Leistungen ausgleichen zu können.

Diese Angst, nicht zu genügen, wird nun weidlich ausgenutzt.

Was hat ein Auto mit einer nackten Frau zu tun?

Ein Mineralwasser mit entblößten Brüsten? Oder ein Schlüsselanhänger mit den anmutigen Rundungen eines nackten weiblichen Pos oder eines männlichen Sixpacks?

Warum kommt uns diese Verbindung nicht konstruiert vor? Nun, wie wir wissen, wird nirgends so unsäglich manipuliert wie beim Sex. Denn alle wollen ihn haben. Manche mehr, manche weniger. Fühlst du dich nun minderwertig – und das tun fast alle, davon geht zumindest die Werbung aus – kannst du mangelnden Sexappeal angeblich mit Materie kompensieren.

Nun, wenn Materie und Geld uns wirklich sexy machen würden, könnten wir uns zufrieden zurücklehnen. Sind wir nicht mehr sexy – und genau genommen sind wir das nie, behauptet die Werbung – brauchen wir also nur bestimmte Produkte.

Auf diese Weise schwatzt man uns ein Auto auf, den Genuss eines Mineralwassers und einen Schlüsselanhänger. Merkwürdigerweise wird das Auto dann ohne nackte Frau geliefert.

In Wahrheit ist niemand daran interessiert, dass du im Einklang mit deiner Sexualität lebst.

Sonst würdest du dich dem mächtigsten Zugriff entziehen, den man auf dich haben kann. Immerhin ist Sex der sicherste Garant für hohe Einschaltquoten, für enorme Auflagen und für den Verkauf von völlig nutzlosen Konsumgütern. Nackte Männer- und Frauenkörper gehören inzwischen genauso zu unserer Medienlandschaft wie zu unserem Städtebild. Ständig wird unser Bewusstsein auf einem bestimmten Niveau gehalten. Jede Zeitschrift, jeder Film, jedes Plakat ist voll davon.

Uns stets sexbereit zu halten und dies als Maß aller Dinge anzustreben, hat nur einen einzigen Sinn: uns ständig in Unzufriedenheit zu halten. Denn nur wenn wir unzufrieden sind, sind wir auch wirklich konsumbereit.

Dabei werden wir immerzu angehalten, uns an anderen zu orientieren. Andere geben vor was gut ist, was zu viel, was zu wenig.

> Unseren täglichen Sex gib uns heute.

Aber der Preis der ständigen Lustbereitschaft ist hoch. Wir bezahlen ihn mit einem ungeheuren Leistungsdruck. Sind wir gut genug? Sind andere besser? Was tun, wenn wir mal keine Lust haben? Darf das überhaupt vorkommen? Und was ist, wenn das andere erfahren? Ist dann unsere soziale Stellung gefährdet?

Der Erfolg im Bett entscheidet scheinbar nicht nur über Partnerschaften, sondern auch über das Ansehen der Person. Ständig müssen daher Höchstleistungen abgeliefert werden. Ständig versuchen wir herauszufinden, wie lange und wie oft der Norm entspricht, um wenigstens ein bisschen zu genügen.

Seltsamerweise genügt fast keiner dieser Norm. Das wäre auch fatal. Dann wären wir nämlich zufrieden und man hätte keinen Zugriff mehr auf uns. Also wird die »Normschraube« immer stärker angezogen. Dies geht natürlich ganz einfach und ohne dass wir es merken. Man gibt uns einfach das Gefühl nicht zu genügen und mit den anderen nicht mithalten zu können. Und da wir sowieso das Gefühl haben, nicht geliebt zu werden, wenn wir so sind, wie wir sind, werden wir alles versuchen, um mit der vorgegebenen Norm Schritt zu halten.

> Männer haben stets das Gefühl zu wenig Sex zu haben,
> Frauen meist zuviel.
> In späteren Jahren dreht sich dies genau um.

Deswegen nehmen Männer dann Viagra und Frauen einen Liebhaber. Anstatt sich dem Rhythmus und tieferen Sinn einer Beziehung anzupassen oder sich dem Alter entsprechend zu verhalten, wird nur der ewige Jugendwahn gefördert. Ewig heiß, ewig spitz und immer kopulationsbereit.

Noch niemals wurde so viel trainiert, geschwitzt und der seltsame Versuch unternommen, für immer zwanzig zu bleiben. Unser Körper hat sexy zu sein, egal in welchem Alter.

Und da wir, so wie wir sind, natürlich nicht sexy sind, das glauben wir zumindest, gehen wir zu Schönheitschirurgen, lassen uns Implantate einsetzen und das Fett unserer Maßlosigkeit absaugen.

Damit wir nun auch fühlen, wie sexy wir geworden sind – der Aufwand und all die Mühe sollen sich doch gelohnt haben – holen sich inzwischen sechzig Prozent der Männer und Frauen ihre Lust bei einem Seitensprung ab. Sex hat nur noch teilweise etwas mit Partnerschaft zu tun. Sex ist sogar oft bereits wichtiger als die Partnerschaft selbst. Sex dient nur zur Befriedigung für die eigene Lust. Eine Lust, die sich ständig steigert, forscher und freizügiger wird. Und da man sich nicht traut, dem Partner seine eigenen, neuen und geheimen Wünsche zu offenbaren oder ihm nicht zutraut, dass er sie erfüllen kann, lebt man sie eben anonym mit Fremden aus.

Je mehr Frauen und Männer fremdgehen, desto mehr spornt dies andere an, es ebenfalls zu tun. Die Hemmschwelle sinkt rapide. Der Zweitlover ist in und modern. Erinnern wir uns an die »Normschraube«. So einfach funktioniert sie. Nichts scheint erstrebenswerter, als die eigene Lust auszuleben.

Inzwischen glauben wir tatsächlich, dass die Partnerschaft nicht mehr alleiniger Lieferant für unseren täglichen Sex sein muss. Dabei sind wir natürlich überzeugt, dass andere stets mehr Sex haben als wir.

Und da wir dort nicht dabei sein können, sind wir auf Vermutungen angewiesen.

Nirgends wird so viel gelogen

Der Sex der anderen ist immer gewaltiger, größer, gigantischer, aufregender, geiler und natürlich wesentlich öfter.

Der eigene Sex hingegen ist immer langweiliger, ärmer, routinierter und alltäglicher. Mit der Zeit beginnt man zu glauben, dass mit einem etwas nicht stimmt.

Wenn man mit anderen über Sex redet, kann man eine Menge merkwürdiger Dinge hören. Vor allem Lügen, Hochstapeleien, Aufschneidereien und Übertreibungen.

Denn bei keinem anderen Thema wird so viel gelogen wie beim Sex.
Trotzdem glauben wir es. Wir glauben ja fast alles, was man uns über Sex erzählt. Zumindest befürchten wir, dass unser Partner alles glaubt. Also müssen wir ebensolche gigantische Helden im Bett sein. Die Folge davon ist, dass wir auch in unseren intimsten Momenten einem gewaltigen Leistungsdruck unterliegen. Diesen Leistungsdruck bezahlen wir mit mangelnder Intimität, mit Lügen und dem Vorspielen falscher Tatsachen. Und alles nur, weil wir angefangen haben zu glauben, dass wir ansonsten nicht genügen.
Das Schlimmste dabei ist, dass wir natürlich oft das Gefühl haben werden, dass wir von unserem Partner nicht wirklich die ganze Wahrheit erfahren. Wir können uns nicht wirklich sicher sein, ob die Lust, die wir dem Partner schenken, auch wirklich so wunderbar ankommt, wie er vorgibt. Eigentlich zweifeln wir das eher an. Der vorgetäuschte Orgasmus ist nämlich fast schon Alltag in unseren Betten.
Vier von fünf Frauen haben schon mal einen Orgasmus vorgetäuscht.[1] Oder öfters. Manche tun es sogar immer. Aber warum?

> **Lieber zwei Minuten stöhnen,**
> **als den ganzen Abend diskutieren.**

Das Argument scheint durchaus verständlich, vor allem, wenn man die männliche Eitelkeit kennt. Die vertraute Zweisamkeit ist ja inzwischen zum Gradmesser der Beziehung geworden. Und welche Frau will schon als orgasmusunfähig gelten? Lieber dem Partner sein Erfolgserlebnis vortäuschen. Denn alle anderen haben ihn ja, den ultimativen Sex. Und wir wollen natürlich nicht, dass der Partner dorthin geht, wo es wesentlich besseren Sex gibt.
Das gespielte Stöhnen und Wälzen hat aber leider einen gewaltigen Nachteil. Am nächsten Abend bekommt man vom Partner wieder das Gleiche geboten, da man ja nun signalisiert hat, wie tierisch gut das Abtörnende ankam.
Je grandioser die vorgetäuschte Aktion war oder immer wieder ist,

desto schlechter wird der Sex werden. Für beide. Die tiefe Verständnislosigkeit werden beide spüren.

> **Wer betrügt, betrügt sich nur selbst,
> vor allem im Bett.**

Wir tun uns nur selber weh. Wir betrügen uns selbst wesentlich mehr als unseren Partner. Wir teilen diesen wundervollen Moment nicht mit ihm, sondern zerstören ihn für uns selbst. Wie wundervoll müsste es sein und vor allem, welche Nähe könnte entstehen, wenn man sich seinem Partner öffnet und ihm, jenseits der eigenen Scham, etwas zeigt, das man bisher noch niemandem offenbart hat?

In diesen Momenten gibt es keinen Druck, keine Leistung, keine Norm.
Doch daran glauben wir meist nicht mehr. Lieber unterwerfen wir uns der berühmten »Normschraube«.
Denn schließlich wollen wir geliebt werden. Wir wollen mithalten mit den anderen. Wir wollen nicht, dass unser Partner dahin geht, wo es scheinbar wesentlich besser ist.
Natürlich wollen wir nur das Beste, aber in Wahrheit entfernen wir uns immer mehr von unserem Partner. Wir täuschen ihn und lassen ihn im falschen Glauben. Statt Innigkeit und Nähe entsteht Distanz. Dieses Gefühl tut weh. Wir verletzen uns selbst tief. Tiefer als wir denken.

Denn jedes Mal verraten wir uns selbst ein bisschen. Selbst im innigsten Moment, im Augenblick der völligen Offenbarung, trauen wir uns nicht mehr, alle Masken fallen zu lassen. Wir geben uns nicht frei und gelöst. Wahre Hingabe ist da nur noch schwer möglich.
Auch das Institut für Rationelle Psychologie in München fand heraus, dass neunundsiebzig Prozent der sexaktiven Frauen »gelegentlich, bis immer« ihrem Partner einen Orgasmus vorspielen. Bis immer! Für viele ist dieser Zustand also Alltag in ihren Betten.
Kein Wunder also, dass einer der beliebtesten Sätze, den Männer

hören wollen, folgender ist: »Du bist der erste, dem ich noch nie einen Orgasmus vorgetäuscht habe.[2] Natürlich, nachdem es »so toll war, wie noch nie«. An zweiter Stelle steht übrigens der Satz: »Oh Gott, ich komme schon wieder.«

Glaubt man jedenfalls den anderen, muss die Lust also immer gigantisch sein, megageil, tierisch abgefahren, Körpergefühl hoch zehn. Wen wundert es da, dass in den nächtlichen Betten geschauspielert wird wie nie zuvor, vorgetäuscht und gelogen, bis sich die Bettpfosten biegen. Denn es muss schließlich mindestens ebenso wild und natürlich ebenso oft sein wie bei allen anderen.
Das Merkwürdige dabei ist nur…

> Für die anderen bist du auch die (der) »andere«.

Sie orientieren sich nämlich auch nach dir. Sie sehen nicht, wie sehr du dich abmühst und stets Hochleistungen vorgaukelst. Sie glauben dir. So wie du ihnen glaubst.
Die Wahrheit sieht allerdings völlig anders aus!
Sie ist so, wie du sie wahrscheinlich schon immer vermutet hattest. Du hattest nur nie den Mut, den Schein auch wirklich anzuzweifeln.

Sex findet viel seltener statt, als man uns glauben machen will

Die anderen treiben es in Wirklichkeit überhaupt nicht so oft, wie sie behaupten. Die Statistiker glauben inzwischen ihren eigenen Statistiken nicht mehr. Selbst wenn die Umfragen noch so anonym sind, wer will schon gerne zugeben, dass Sex in Wahrheit bei ihm nur noch selten stattfindet.
Während andere es dreimal täglich in der Küche, auf dem Schuhschrank, in der Umkleidekabine treiben, in Lack oder Leder, ausschweifend von Höhepunkt zu Höhepunkt rasen, will man nicht eingestehen, dass der eigene Höhepunkt nur noch im Kopf stattfindet und Sex fast ausschließlich über die unterhaltsamen Sendungen des Fernsehens konsumiert wird.

Inzwischen wird in einigen Umfragen bis zu fünfzehn Mal nachgefragt, um der Wahrheit ein kleines Stückchen näher zu kommen.[3]
Und siehe da: Jeder vierte Mann hatte im vergangenen Jahr gar keinen Sex.
Laut einer Studie der Uni Chicago hatten ein Drittel der Frauen und ein Viertel der Männer im vergangenen Jahr überhaupt keinen Sex!
Ein weiteres Viertel nur ein paar Mal! In England fühlt sich ein Drittel der arbeitenden Mütter viel zu müde für Sex! Viele Frauen sind also so überlastet, dass Lustgefühle erst gar nicht aufkommen.
Diese Studien zeigen obendrein, dass Singles gar nicht so beneidenswert sind. Singles betreiben unglaublich viel Aufwand für unglaublich wenig Sex. Sie haben in der Tat weniger Sex als Paare.
Tatsache ist allerdings auch, dass in festen Beziehungen der anfängliche Sex mit der Zeit rapide nachlässt. Wochen des Stillstandes wechseln sich mit kurzen Phasen des Aufwachens ab. Wenn es zum Sex kommt, ist er routiniert, alltäglich, eingespielt und nicht mehr so aufregend. Das Prickeln jedenfalls ist verschwunden. Der vorgetäuschte Orgasmus gehört dort ebenso zum Alltag wie das Vorspielen von Lust und die ganze Palette von Ausreden, warum es erst gar nicht dazu kommen soll.
Aber wer will das schon zugeben, in einer Gesellschaft, die sich fast ausschließlich über den Sex definiert?
Wider besseres Wissen wird also die Lüge der ständig kopulationsbereiten Lustaspiranten, die es überall und jederzeit treiben, weiterhin hochgehalten. Obwohl also der ewig jugendliche Körper und die ständige Sexbereitschaft eine große Lüge sind, wird mit aller Macht daran festgehalten. Die Wahrheit sieht jedoch völlig anders aus:

Es gibt keine Norm

Sex ist so vielfältig und einzigartig, wie es Menschen gibt. Manche brauchen Sex jeden Tag, manche einmal im Monat, manche nur zweimal im Jahr. Und viele bekommen ihn noch viel seltener.
Keine Lust zu haben ist also genauso normal wie ständig Lust zu

haben. Kuscheln kann genauso intensiv und intim und aufregend sein wie neue unbekannte Grenzen auszutesten.

Vertraue einfach deinen Gefühlen. Was könnte auch an deinen Gefühlen falsch sein? Es ist immerhin dein Körper. Du weißt doch am besten, was er braucht und was nicht. Vertraue dir. Vertraue deiner Empfindung.

Hör auf dich. Wer sagt, dass du zweimal in der Woche Sex haben musst? Oder zweimal am Tag? Willst du das wirklich? Ist das wirklich *dein* Gefühl? Oder hast du es nur von anderen übernommen? Hör nur auf dich. Sex ist ein natürliches Bedürfnis. Du kannst es jeden Tag haben oder nur selten. Frag nur deinen Körper. Er weiß Bescheid. Niemand kennt dich besser als du selbst.

Wenn du also nur selten Lust empfindest, ist das völlig normal. Und wie wir inzwischen wissen, auch völlig »in der Norm«. Auch wenn du wochenlang keine Lust verspüren solltest. Oder sogar Monate. Wenn es sich richtig anfühlt, ist es genau das Richtige für dich.

Andere wollen es vielleicht nicht wahrhaben, dass wir nicht verfügbar sein sollen. Andere wollen uns vielleicht gerne benutzen und versuchen uns zu manipulieren, versuchen uns ein schlechtes Gewissen einzureden. Sie wollen uns glauben machen, dass unser Verhalten einfach nicht normal sein kann.

Aber dies ist *deren* Wahrheit. Bleib bei *deiner* Wahrheit. Was *du* fühlst, ist immer richtig. Kein anderer kann über deine Gefühle urteilen, geschweige denn sie bewerten.

Alle anderen, die dich nur in deine Minderwertigkeitsgefühle schicken und dich glauben machen, mit dir sei etwas nicht in Ordnung, wissen nichts von dir. Sie kennen nicht deinen Körper, deine Seele, deine Entwicklung, deine Sehnsüchte, deine Befürchtungen und Ängste. Sie kennen nicht deine Herkunft und deine Kindheit. Und sie kennen nicht deinen Partner.

Lass dich nicht unter Druck setzen. Weder von Statistiken noch von Filmen noch von Zeitschriften. Die Häufigkeit von Sex sagt nichts über deine Liebesfähigkeit aus. Sie bringt auch niemanden ans Ziel der eigentlichen Sehnsucht: Eine tiefe und wahrhaftige Liebesbeziehung zu führen. Davon träumt aber die Mehrzahl der Menschen, immerhin vierundsiebzig Prozent. [4]

Glücksregel 10

Verwechsle Sex nicht mit Liebe

Sie schliefen miteinander und blieben sich doch fremd

Liebe bedeutet nicht zwangsläufig Sex. Selbst wenn man nicht glauben mag, dass unser Partner uns auch lieben kann, ohne ständig über uns herzufallen.

Auch wenn wir es noch so gerne möchten, die körperliche Vereinigung ist kein Beweis für die Liebe unseres Partners. Liebe braucht keine Beweise. Wenn wir glauben, der sexuelle Akt sei ein Beweis von Liebe, so unterliegen wir dem größten Irrtum aller Zeiten. Denn schließlich wird Sexualität gerade ohne Liebe fast überall und ständig praktiziert. Und dann wundern wir uns noch, dass wir in unserem Leben immer weniger Glückseligkeit empfinden!

> **Sex ohne Liebe macht einsam.**

Nach Jahrhunderten der Unterdrückung kam es in den sechziger Jahren zur sexuellen Befreiung. Die freie Liebe war Ausdruck der jugendlichen Rebellion und das Pendel schlug zwangsläufig zur anderen Seite aus. Wir wanderten von einem Extrem zum anderen. Bis dahin war Sexualität tabu, schlecht und vom Teufel. Heute ist Sex das Wichtigste, Erstrebenswerteste und ein absolutes Muss geworden. Wer keine Lust empfindet, ist angeblich nicht gesund. Lustfördernde Medikamente sind der Renner und werden von den Krankenkassen bezahlt. Unlust ist somit eine Krankheit.

Haben wir also keine Lust, stimmt mit uns etwas nicht.

Das Neueste sind medizinische Befunde, wie gesund und überaus wichtig Sex für unser Wohlbefinden ist. Das mag alles sein, aber »seltsamerweise« hinterlässt gerade die ständige Lustbereitschaft ohne inneren Zusammenhalt einen schalen Geschmack und mehr Menschen leiden an Unsicherheit und Minderwertigkeitsgefühlen als jemals zuvor. Sex alleine, losgelöst von einer innigen Partnerschaft und dem Erleben von Liebe, führt eben nicht zu der lang ersehnten Intimität mit einem anderen Menschen, sondern eilt mit großen Schritten einem einzigen Ziel entgegen: Einsamkeit.

> Viele wollen anscheinend gar keinen Partner haben, sie wollen nur verfügbaren Sex.

Selbst in der heftigsten, intensivsten oder exzentrischsten Sexualität können beide vollkommen in sich geschlossen und einander fremd bleiben, ohne den anderen wirklich in der Tiefe zu berühren oder sich selbst zu offenbaren. Wenn der Sex vorüber ist, stehen sich zwei fremde Menschen ohne jeglichen inneren Zusammenhalt gegenüber. Bis sie wieder ins Bett gehen. Wir können also scheinbar Sex haben, ohne jemanden an uns heranzulassen. Klingt merkwürdig, ist aber das, was ständig praktiziert wird.
Wenn wir damit zufrieden sind, sollten wir damit weitermachen. Wenn nicht, sollten wir uns für wirklich guten Sex entscheiden.

Wie komme ich zum guten Sex?

Viele betrachten heute die Sexualität als Grundvoraussetzung, damit die Beziehung überhaupt funktioniert. Auf diese Weise geben manche ihrem Körper und ihrem Lustprinzip die alleinige Befugnis darüber, zu entscheiden, ob eine Beziehung einen Wert hat oder nicht.
Mehr noch, Sex ist die Voraussetzung, um überhaupt erst eine Beziehung einzugehen. Aber was für eine Beziehung? Auf was für Menschen werden wir wohl treffen? Wir werden immer nur Menschen anziehen, die ähnlich denken und fühlen wie wir, die sich also auch in gewisser Weise wertlos fühlen und den Sexpartner für etwas Austauschbares halten.
Von dem Partner, nach dem wir uns wirklich sehnen, der Tiefe und Intimität zulassen kann, entfernen wir uns mit jeder gescheiterten Beziehung immer mehr.

Bis wir nicht mehr daran glauben, dass es überhaupt solch eine Person in unserem Leben geben kann.

Tatsache ist, dass wir selbst diese Person einmal waren und sie verlassen haben. Doch warum haben wir sie verlassen? Weil wir glaubten, nicht richtig zu sein, nicht so wie andere und nicht so, wie es scheinbar der Norm entspricht.

Wie wir wissen, schafft der sexuelle Akt eine tiefere Bindung. Trotzdem fühlen wir uns zu nichts verpflichtet. Im Gegenteil, wir wiederholen diesen Vorgang beliebig oft, mit immer verschiedenen Partnern. Wir tauschen Samen, also Erbgut, mit völlig fremden und im Grunde unwillkommenen Menschen aus. Sollte es zur Schwangerschaft kommen, sind wir geschockt.

Sex ist gesund und eine der wundervollsten Erfahrungen. Ohne Frage. Aber sicherlich nur mit dem Menschen, den wir lieben. Wenn man sich sexuell näher gekommen ist, ohne sich wirklich zu meinen, sitzt die Verletzung jedenfalls tiefer, als wir ahnen. Die Seele fühlt sich missverstanden, nicht angenommen und austauschbar.

Allein über die Körperlichkeit werden wir also nie erfüllenden Sex bekommen.

Im Gegenteil. Je öfter wir Sex mit verschiedenen Partnern haben, desto unsesnsibler wird unsere Sexualität. Desto austauschbarer wird die ganze Angelegenheit. Und alles was austauschbar ist, ist unwesentlich.

Um dies zu kompensieren, werden immer mehr der Kitzel und der ultimative Kick gesucht. Mangelnde Tiefe wird mit Reizüberflutung ausgeglichen. In der Hoffnung, über die Austauschbarkeit neue Reize zu finden, entstehen Swinger-Clubs, private Sexpartys und Blind Dates.

Anstatt sexuell zu reifen und uns vom auferlegten Druck zu befreien, entwerten wir uns durch unsere Freizügigkeit immer mehr.

Dabei verlagert sich Sex immer mehr zu einem gewöhnlichen, rein körperbezogenen, sportlichen Spiel. Wir erkennen dabei nicht, welch tiefe seelische Verletzungen wir anderen Menschen und uns selbst damit zufügen und welch tiefe Kraft Sexualität eigentlich besitzen könnte.

Sex kann uns immer weiter von uns weg führen.

Je freizügiger wir sind, je moderner wir uns geben, desto unnahbarer sind wir. Die angebliche Freizügigkeit führt zu immer größerer Distanz. Das Resultat sehen wir in unserer Gesellschaft: immer mehr Singles und Einsame, immer mehr Scheidungen und alleinerziehende Mütter.
Die ursprüngliche Wahrheit wurde völlig verdreht und dem Konsum geopfert. Die glorreiche sexuelle Freiheit hat uns in die Isolation und Gefühlsarmut geführt. Sexualität wurde von der Partnerschaft und dem Bund fürs Leben abgespalten.
Aber was hilft uns die wildeste Bettenorgie, wenn wir einsam bleiben? Je älter wir werden, desto größer wird die Panik. Die körperliche Attraktivität und Leistungsfähigkeit lassen schließlich nach. Wir werden auf ein Leben der Verschwendung zurückblicken. Ein trauriges Resultat. Wir haben nichts ausgemacht im Leben, waren nicht verantwortlich. Nicht für uns und auch nicht für andere.

Der »gute« Sex

Den supertollen Sex, mit dem ultimativen Kick, dem unglaublichen Orgasmus, der stets tiefer und aufregend neu, wild, geil und verrucht ist und sich natürlich stets mit noch größerer Intensität wiederholt, den gibt es nur in unserer Phantasie. Der von der Öffentlichkeit vorgegaukelte Sex ist ein Phantasieprodukt.

> **Du wirst nämlich immer nur den Sex haben,
> den du dir erlaubst.**

Sex bedeutet nämlich ab einem gewissen Punkt Kontrollverlust. Und dazu muss man erst einmal bereit sein: sich fallen zu lassen, Masken abzulegen, Hemmungen beiseite zu schieben, die Programme seiner Eltern zu vergessen, Verklemmtheiten als solche zu erkennen, die eigenen Grenzen zu überschreiten, sich schwach und verletzlich zu

zeigen und die Angst aufzugeben, nicht schön und aufregend genug zu sein.
Dazu braucht man einen Partner, bei dem man sich das »Unglaubliche« alles traut.

Zum guten, ultimativen Sex gehört also Zusammengehörigkeitsgefühl. Und eine Mischung aus Lust und Gunsterweisung.
Ansonsten spulen wir immer nur ein Leistungsprogramm ab, und zwar dem entsprechend, wie Sex unserer Vorstellung nach sein sollte.
Es gibt aber nicht »den Sex«. Es gibt immer nur unseren Sex. Und das ist der, den wir haben.

Darüber hinaus ist man beim Sex nur selten alleine. Also hat jede Beziehung zwangsläufig auch noch ihre ganz eigene Erotik, die immer so verlaufen wird, wie die Partnerschaft verläuft. Voller Vertrauen und Nähe oder durchzogen von Machtspielen und Unnahbarkeit. Oder eine bunte Mischung daraus.
Das Gefüge unserer Beziehung findet sich nämlich auf subtile Weise immer auch im Bett wieder. Schließlich treffen wir dort auf die gleichen Menschen, unseren Partner und uns selbst. Wir sind so, wie wir sind. Unser Partner ist so, wie es seiner Persönlichkeit entspricht. Also werden wir in der Sexualität grundsätzlich ganz ähnlich miteinander umgehen. Fürsorglich und zart, wild und leidenschaftlich, verbunden und vertraut, oder ablehnend und feindselig, einsam und stumm oder egoistisch und kämpferisch.
Dabei spielt es keine Rolle, welche Sexpraktiken wir bevorzugen. Tiefe und Vertrauen gibt es bei jeder Spielart.

Je mehr du vertraust, um so mehr traust du dich.

Liegt jedoch unser Fokus darauf, dass unsere Beziehung uns guten Sex verschaffen soll, so werden wir vielleicht in unserer Beziehung wirklich guten Sex haben. Glückwunsch. Aber sobald das aufregend Neue alltäglich wird und unser Interesse erlahmt, werden wir enttäuscht nach etwas Neuem schielen und es außerhalb der Beziehung suchen.

Auf Dauer werden wir also in der Beziehung keinen wirklich guten Sex haben. Etwas wird immer fehlen. Dann sind wir wieder da, wo wir schon öfter waren: in einer unglücklichen Beziehung.
Dabei ist der Weg aus dieser Falle ganz einfach.

> Wir sind immer das wert,
> was wir uns selber an Wert geben.

Schenken wir uns ständig unter Wert her, so verlieren wir an Wert. Wir verlieren unsere Einzigartigkeit. Für uns selber und für unseren Partner.
Gib der Sexualität, die du gerne haben willst, einen Wert. Dies ist eine Entscheidung. Eine ganz bewusste. Nur du kannst sie für dich fällen. Kein anderer kann es für dich tun.
Nebenbei bemerkt, keine Entscheidung ist auch eine.

Stellen wir uns mal vor, wir lernen einen Menschen kennen, für den die Sexualität etwas Besonderes ist, etwas Wertvolles. Er möchte sich nur dem schenken, mit dem er wahrhaftig zusammen sein möchte. Dies verleiht dem Ganzen eine gewisse Würde. Allein dadurch kann es für uns ebenfalls zu etwas Wertvollem werden. Dieser wundervolle Mensch hält uns schließlich für wertvoll genug, seinen Körper und seine Intimität mit uns zu teilen. Mit uns – und mit niemand anderem.
Je weniger Intimität wir mit verschiedenen Menschen haben, je weniger wir uns sinnlos austoben, desto wundervoller, erhabener und größer wird die Sexualität für uns mit unserem Partner sein.
Wenn wir Sex nicht zur reinen Selbstbefriedigung verkommen lassen, sondern ausschließlich mit dem Menschen erleben, den wir lieben, ist er nicht nur erfüllend, sondern auch tief berührend.
Darüber hinaus geht man, wenn man seine Sexualität für seinen Partner bewahrt, wesentlich freier durch das Leben. Nicht nur, dass man die Kraft der eigenen Beziehung spürt, man braucht sich auch nicht mehr jeden Tag zu beweisen. Man braucht dieses Wirke-ich-noch-Spiel nicht mehr.

Wer tatsächlich eine wahre, tiefe Liebesbeziehung eingehen will und wirklich erfüllenden Sex erleben möchte, sollte sich also nicht zu schnell körperlich einlassen. Und schon gar nicht aus der Angst heraus, man könnte den anderen nicht rechtzeitig an sich binden. Dahinter stecken nur Minderwertigkeitsgefühle und die Furcht, nicht gut genug zu sein. Wenn es aber der wahrhaft richtige Partner ist, dein Seelenverwandter, dann wird er bei dir bleiben wollen. Weil er nämlich genauso denkt wie du. Weil er erkennt, wie einzigartig du für sein Leben sein kannst.

Wie wir inzwischen wissen, sind es die Gemeinsamkeiten, die gleichen Anschauungen und die gleichen Sichtweisen, die der Partnerschaft den wahren Wert, die Kraft und den Atem für einen längeren Zeitraum verleihen. Sexualität ist dann die Krönung tiefster Hingabe und intimsten Vertrauens. Erst mit dem Partner, den man liebt, wird Sexualität eine wundervolle, leichte, harmonische und beglückende Angelegenheit, welche die Partnerschaft immer mehr vertiefen wird. Sexualität wird dann zur Erfüllung.

Besonders am nächsten Morgen, wenn man die Augen aufschlägt und erkennt, dass man geliebt wird.

Glücksregel 11

Du wirst geliebt, so wie du bist

**Wenn du dich anders gibst, wird ein anderer geliebt.
Nämlich der, der du vorgibst zu sein.**

Es fällt dir schwer das zu glauben?
Dann glaubst du deinen Eltern, deinen Freunden und deiner Umwelt mehr als dir selbst. Dann gibst du deinen eigenen Vorurteilen Recht, ohne zu wissen, woher sie kommen. Dann glaubst du lieber all das Schlechte, das jemals über dich gesagt wurde, als das Gute in dir zu sehen.
Das Gefühl, nicht geliebt zu werden, ist entstanden, weil wir immer und immer wieder manipuliert worden sind.
Man wollte uns dazu bringen gewisse Dinge zu tun, die wir sonst nicht getan hätten. Als Belohnung bekamen wir Anerkennung und Zuwendung. Als Strafe Ablehnung und das unangenehme Gefühl, nicht geliebt zu werden. Dieses Gefühl hat sich tief in uns eingegraben, so haben wir alles getan, um Liebe zu bekommen.
In Wahrheit ist es aber nie Liebe gewesen. Es war immer nur der erfolgreiche Versuch uns zu manipulieren, uns dahin zu bringen, wo wir eigentlich nicht sein wollten.
Ab einem gewissen Zeitpunkt haben wir angefangen zu glauben, dass wir nur geliebt werden, wenn wir gewisse Dinge tun, die andere gutheißen. Wir haben angefangen uns zu *verhalten*, um anderen zu gefallen. Unsere Umgebung, die Eltern und Freunde waren damit natürlich sehr zufrieden, denn nun hatten sie Zugriff auf uns und konnten uns so formen, wie sie gerne wollten.
Wenn wir artig und brav wie eine Marionette funktionierten, gaben sie uns das Gefühl geliebt zu werden. Aber was haben sie in Wirklichkeit geliebt?
Auf keinen Fall uns. Immer nur die Marionette, die sie nach ihren

Wünschen gebastelt haben. Hatte man einen eigenen Willen, eigene Wünsche oder Sehnsüchte, die den Vorstellungen der anderen zuwider liefen, weigerten sie sich, einem die Anerkennung zu schenken.
Sie haben dich also in Wirklichkeit nie kennen gelernt, sondern immer nur das in dir gesehen, was sie sehen wollten. Also immer nur das, was ihnen nützlich war.
Um geliebt zu werden, musstest du also deine wahre Natur, dich selbst, verleugnen und unterdrücken.

**Dass es nie Liebe war,
willst du bis heute nicht wahrhaben.**

Solange wir das aber weiterhin für Liebe halten, werden wir uns auch unserem Partner gegenüber nie so zeigen, wie wir wirklich sind, aus Angst, erneut auf Ablehnung zu stoßen.
Tief in unserem Inneren hat sich eingegraben: Wenn ich so bin, wie ich wirklich bin, werde ich nicht geliebt. Das heißt aber auch: Der andere darf nicht so sein, wie er ist, sonst wird er von mir nicht geliebt. Was für ein fataler Kreislauf! Dabei gibt es nichts, was wir tun müssen, um geliebt zu werden.

Liebe musst du nicht verdienen.

Wir brauchen weder Porsche noch Waschbrettbauch, weder Schmollmund noch Knackarsch, auch keine Unterwürfigkeit oder Haus, Garten, Kinder, Besitz, Geld, Schönheit, Angepasstheit, vorgetäuschte Freundlichkeit. Wir brauchen kein Helfersyndrom zu entwickeln, müssen nicht belesen sein, extrem sportlich, intellektuell, total witzig, Opern lieben oder besonders gut aussehen. Wir müssen auch nicht zum Laufburschen anderer werden.
All das bestärkt uns nur in unserem Gefühl von Minderwertigkeit und in unserer Überzeugung, dass wir ohne all das nicht mehr liebenswert sind.
In Wahrheit haben wir einfach nur irgendwann aufgehört uns selbst liebenswert zu finden. In Wahrheit verleugnen wir uns nur

selber. Wir mögen uns nicht, so wie wir sind, und tun alles, um anders zu sein.

> **Wenn du dich selbst nicht magst,
> wer soll dich sonst mögen?**

Wenn wir uns minderwertig fühlen, spüren das andere und werden das ausnützen. Warum? Weil wir so herrlich manipulierbar sind und bereitwillig ihre Wünsche erfüllen.
Natürlich möchte keiner, dass wir uns ändern. Im Gegenteil, ganze Industriezweige leben von unserem Minderwertigkeitsgefühl, die Werbung baut auf uns. Sie will uns ebenfalls glauben lassen, dass wir erst dann, wenn wir etwas Bestimmtes besitzen, geliebt werden.
Dass dies natürlich eine Lüge ist, realisiert man erst, wenn man das begehrte Objekt endlich in den Händen hält und merkt, dass es einen kein Stückchen näher an das Ziel gebracht hat. Doch da gibt es, Gott sei Dank, auch schon das Nächste, was es zu besitzen gilt, damit man endlich liebenswert werden kann.
Aber mach dir keine Illusionen: Du wirst nie geliebt werden, sondern immer nur benutzt. Von deinen Freunden, deinen Arbeitskollegen, deiner Umwelt und vor allem von deinem Partner. Und wenn du nicht mehr nützlich bist oder ein anderer nützlicher, wirst du ausgetauscht. Das sollte dich aber nicht wirklich überraschen, es ging ja nie um dich.

Intelligent wie wir sind, bauen wir natürlich vor. Um nur ja nicht ausgetauscht zu werden, versuchen wir uns unentbehrlich zu machen. Da das auf Dauer jedoch sehr anstrengend ist, werden wir auch jene Taktik nachahmen, die bei uns schon so ausgezeichnet funktioniert hat: Wir geben anderen das Gefühl nicht geliebt zu werden, wenn sie sich nicht nach unserem Willen verhalten.
Das kommt dir bekannt vor?
Natürlich, weil du noch immer glaubst, etwas tun zu müssen, um geliebt zu werden. Dementsprechend müssen sich alle anderen um dich herum ebenfalls tierisch anstrengen, um deine »Liebe«

zu bekommen. »Liebe muss man sich nämlich erst verdienen.«
Zumindest glauben wir das.

Dieser Weg führt jedoch geradewegs in die Sackgasse. Denn solange ich mich nur verhalte und meine wahre Natur nicht zeige, hat mein Partner nie die Chance *mich* kennen zu lernen. Das Einzige, was er kennen lernt, ist ein Mensch, der sich insgeheim minderwertig fühlt und sich nach den Launen anderer verhält.

Die Meinung anderer ist uns nämlich wichtiger als unsere eigene. Die Angst, von anderen verlassen zu werden, ist größer, als das Bestreben bei uns zu bleiben.

Doch das sind alles nur Bewertungen, Meinungen und Vorurteile, die man uns aufgebürdet hat, mit dem Ziel, uns nach den Wünschen anderer zu erschaffen.

Was können wir tun?

Zunächst sollten wir einmal erkennen, dass es so ist. Dass wir nur ein nützlicher Spielball für andere waren. Dass wir uns selbst zu einem solch nützlichen Spielball gemacht haben.

Wir haben gerufen: »Hierher, ich mache alles, was ihr wollt, wenn ihr mir nur sagt, dass ihr mich dann liebt.« Auf diese Weise haben wir genau die Partner angezogen, die uns darin bestärkt haben. Und je angepasster wir uns benommen haben, desto lächerlicher wurden wir und desto weniger Achtung hat man uns in Wirklichkeit entgegengebracht.

Wer sollte uns auch Achtung entgegenbringen?

Erinnere dich an deine Schulzeit. Wer wurde da bewundert und geachtet? Diejenigen, die bereits den eigenen Willen hatten sich durchzusetzen.

Und wer wurde belächelt? Die nützlichen Ja-Sager, die artig den Anführern nachhechelten. Warum sollte das bei den Erwachsenen anders sein?

Wenn du dich selbst nicht achtest, achtet dich niemand.

Wieso auch? Alle sehen immer nur das in dir, was du selbst in dir siehst. Wenn wir nun aber endlich erkennen, dass wir, so wie wir sind, liebenswert sind und auch schon immer waren, werden alle anderen gezwungen sein, das ebenfalls in uns zu sehen.

Viele Menschen in unserer Nähe werden das natürlich nicht wahrhaben wollen, sie werden die Schraube der Manipulation anziehen, sie werden streiten, uns Unrecht geben, uns bedrängen oder aber, wenn sie das Spiel von Machtmissbrauch nicht aufgeben wollen und merken, dass wir trotz allem standhaft bleiben, einfach aus unserem Leben verschwinden.

Lass sie ziehen, Du bist ohne sie besser dran. Sie haben dein Leben bisher nur behindert. Es werden dafür andere Menschen in dein Leben treten, die deinem neuen Energiefeld entsprechen. Unser Leben wird schöner und freier und fließender. Man wird uns mit Achtung und Anerkennung und Liebe begegnen. Man wird uns bewundern, denn wer nicht manipulierbar ist, übt einen gewaltigen Sog auf andere aus. Wir werden endlich frei und selbstständig sein.

Liebe entspricht deinem wahren Wesen.

Man wird spüren, wie sehr wir uns selber achten und wird uns die gleiche Achtung entgegenbringen, die wir für uns beanspruchen. Man wird spüren, wie sehr wir uns in unserer wahren Natur selbst lieben und wird uns die gleiche Liebe entgegenbringen.

Wir werden andere nicht mehr manipulieren, aus Angst, ansonsten verlassen zu werden. Wir werden keine Angst mehr haben, dass irgendwelche Geheimnisse von uns entdeckt werden könnten. Wir werden nicht mehr laut schreiend herumrennen: bitte liebt mich. Wir werden ein Magnet sein und genau die richtigen Partner anziehen.

Im Gegenzug werden wir andere ebenfalls so respektieren wie sie sind. Sie dürfen endlich das sein, was sie schon immer waren. Wundervolle, liebenswerte Menschen, die natürlich noch voller Ängste und Sorgen sind, die man ihnen als Ballast mit auf den Weg gegeben hat. Aber jetzt, da wir wissen, wo diese Probleme herkommen und wie sie entstanden sind, können wir auch diese mit Liebe und Fürsorge betrachten.

Und was wird dann geschehen?
Wir werden geliebt werden. Unser Partner, unsere Freunde, unsere Umwelt werden an unserer Seite stehen. Und zwar liebend gerne.
Du wirst geliebt werden und alles nur, weil du dich, so wie du bist, selbst als liebenswert empfindest.
Alles nur, weil du weißt, dass Liebe dir zusteht und deinem wahren Wesen entspricht.

Glücksregel 12

Wahre Nähe entsteht durch Hingabe

Warum ist Hingabe so schwer?

Hingabe berührt den anderen tief in seiner Seele. Er fühlt sich angenommen. Er weiß, dass er so etwas Tiefes und Reines nie wieder in seinem Leben erfahren wird.

Hingabe verändert alles. Erst durch Hingabe entsteht diese unvergleichliche Einheit zwischen zwei Menschen. Sie ist das Wunderbarste, was Liebende erleben können. Hingabe ist der größte Schatz, den man einbringen kann, die Essenz, aus der die Beziehung alle Kraft schöpfen kann. Genau genommen wird erst durch Hingabe aus zwei Menschen ein Paar. Gibt es keine Hingabe, bleiben sie sich fremd. Wird die Hingabe aber immer wieder enttäuscht oder verletzt oder zurückgewiesen, verliert sich die Hingabefähigkeit mit der Zeit immer mehr. Es wird dann einfach unglaublich schwer, erneut Vertrauen zu fassen und sich wieder einmal mit der gleichen Intensität zu verlieben und sich einem anderen Menschen hinzugeben. Man befürchtet, erneut verletzt zu werden und möchte nicht noch einmal so tief fallen. Man wird sich also nicht mehr wirklich einlassen, sondern sich schützen, nur vermeintliche Nähe aufbauen, lieber so tun als ob, als sich bis in die tiefsten Tiefen mit einem Partner zu verbinden. Tief im Inneren bleibt dann also immer etwas Trennendes.

Als Kind waren wir zur völligen Hingabe fähig. Das war unser natürlicher Zustand. Aber wie oft wurde diese Hingabe verletzt oder enttäuscht? Und wie war es dann später, mit unserer ersten Liebe? Und den darauf folgenden Beziehungen, die jedes Mal doch wieder so schmerzhaft gescheitert sind?

Gab es immer und immer wieder Verletzungen in unserem Leben, so wird das wahre Gefühl der Hingabe schließlich immer mehr nachgelassen haben und irgendwann völlig verschwunden sein.

Ab einem gewissen Zeitpunkt haben wir das Gefühl, wie es ursprünglich einmal war, völlig vergessen. Wir werden die *scheinbare* Nähe bereits für wirkliche Tiefe halten und glauben, dieses So-tun-als-ob wäre bereits größte Hingabefähigkeit.

Hingabe wird eher belächelt als angestrebt. Viele befürchten, dass durch Hingabe die Selbstständigkeit verloren geht. Aber welche? Nie zuvor gab es so viele umherirrende Menschen, auf der Suche nach Konsum und Unterhaltung. Selbstständigkeit fühlt sich bestimmt anders an!

Das Belächeln von Hingabe ist nur ein weiterer Hinweis wie leichtfertig mit Sexualität und Partnerschaft umgegangen wird. Sexualität gilt als lustvoller Zeitvertreib, als Spaßfaktor Nummer eins. Heute diesen Partner, morgen einen anderen. Was ich hier nicht bekomme, hole ich mir woanders.

Was haben wir also gewonnen mit der modernen Haltung? Sexuelle Erfahrung. Und was nützt sie uns? Technische Handfertigkeiten sind erlernbar, die Personen austauschbar.

Fragen wir uns also lieber, was wir verloren haben.

Die Fähigkeit, tiefe Liebe zu geben. Und die Fähigkeit, tiefe Liebe anzunehmen. Aber vor allem die Fähigkeit zur Hingabe.

Gab es also mehrere Partner in unserem Leben oder gibt es sogar gleichzeitig mehrere Partner, wird sich unsere Hingabefähigkeit irgendwann, irgendwo, vollständig verloren haben. Sie könnte eigentlich an jeden gerichtet sein, ist also austauschbar geworden und besitzt zwangsläufig keine wirkliche Tiefe mehr.

Liebe ist aber nicht austauschbar. Ebenso wenig wie Hingabe. Vielleicht ist also das, was wir fühlen gar nicht Liebe. Sondern nur ein Bedürfnis. Dann muss nur unser Bedarf gestillt werden. Dafür brauchen wir aber keinen Partner, sondern nur Lieferanten. Die Lieferanten dafür sind in der Tat austauschbar. Man braucht sich ihnen auch nicht hinzugeben, man muss nur so tun als ob. Was wir von unseren Lieferanten jedoch niemals bekommen werden, sind tiefe Liebe und Nähe. Das ist auch nicht die Aufgabe von Lieferanten.

Betrachten wir die Dinge einfach so, wie sie sind, auch wenn die Erinnerung weh tut. Unsere Hingabe, die wir ursprünglich besessen haben, wurde irgendwann einmal so tief verletzt, dass wir sie aus reinem Selbstschutz zurückgezogen haben. Und weil wir diesen Schmerz nicht mehr spüren möchten, vertauschen wir Konsum mit Liebe und machen unseren Partner zu irgendeinem beliebigen Lieferanten. Auf diese Weise werden wir aber nie die ersehnte Nähe erfahren.

Hingabe ist nicht austauschbar.

Tiefe Liebe kann man nur empfinden, wenn man sich wieder hingibt. Wenn man diese tiefe Emotionalität und Verletzlichkeit wieder zulässt. Tiefe Liebe schließt nämlich Austauschbarkeit aus.
Mein Leben lege ich in deine Hände, ausschließlich, unwiederbringlich. Ohne wenn und aber. Ich muss mich also aufgeben. Vollständig. Mit Haut und Haaren, mit jeder Zelle meines Körpers und meines Verstandes. Mehr noch, mit ganzer Seele. Hingabe ist eine Liebe, die nichts fordert, weil sie weiß, dass alles richtig ist. Sie ist kein Handel, ich möchte nichts für meine Liebe bekommen. Ich muss das Risiko eingehen, dass von mir nichts mehr übrig bleiben wird, sollte die Sache tatsächlich schief gehen.
Aber eins ist sicher: Wenn wir uns zurückhalten, geht sie auf jeden Fall schief.
Wir sollten uns auch keine Illusionen machen, Hingabe macht verletzlich. Sehr verletzlich. Es verletzt, wenn der andere uns abweist, es schmerzt, wenn wir ihm weh tun, es tut uns sogar weh, wenn er sich selbst verletzt und es stürzt uns ins Bodenlose, wenn er von uns weggeht.
Warum sollten wir es dann trotzdem wagen?
Weil wir nur durch unsere Hingabe, auch seine Hingabe bekommen können. Und nur wenn zwei Menschen sich gegenseitig hingeben, sie einen Bund fürs Leben schließen.

> **Ohne Hingabe kein Vertrauen,**
> **ohne Vertrauen keine Nähe,**
> **ohne Nähe keine Verbundenheit,**
> **ohne Verbundenheit keine Liebe.**

Ohne Liebe gibt es keinen Grund zusammenzubleiben

Je mehr man sich seinem Partner hingibt, desto größer wird die Würde, die man ausstrahlt. Nicht mehr hin und her gebeutelt, hat man seinen Weg gefunden. Nicht mehr mit »einem« Partner, sondern mit »seinem« Partner. Beide sind Eins. Man sieht beiden an, dass sie im Leben unumstößlich zusammenstehen. Man wird sich fragen, wie sie das nur machen. Während andere von einem Partner zum nächsten hetzen, ständig zwischen Euphorie, Depression und Hoffnungslosigkeit, lebt man selbst in Beständigkeit und erfüllter Ruhe.

Man durchschaut mit einem Mal die Welt der Halbwahrheiten, in der die anderen leben, mit ihren unentschlossenen, nicht ernst gemeinten Lippenbekenntnissen, ständig in der Hoffnung auf den richtigen Griff ins »Regal«. Partnerschaft ist für sie nur eine austauschbare, konsumierbare Ware.

Man selbst jedoch lebt endlich wieder in der Fülle seiner Gefühle. Und vor allem in seiner wahren Größe. Zur völligen Hingabe gehören nämlich eine ungeheure Kraft und Stärke und Konsequenz, deren Potential man nun leben kann.

Auf der anderen Seite benötigt man ebenfalls diese Stärke und Konsequenz, um die Hingabe seines Partners überhaupt annehmen zu können. Denn diese auszuhalten und sich der Verantwortung zu stellen ist eine ebenso große Herausforderung

Viele schrecken vor der Hingabefähigkeit des Partners zurück. Gerade weil sie so mächtig ist, so ausschließlich und ein ungeheures Maß an Verantwortung mit sich bringt. Sich hinzugeben ist eine gewaltige Entscheidung. Sie anzunehmen und sich den Konsequenzen zu stellen ebenso. Wenn man es schafft, seine wahre Größe zu zeigen und Hingabe sowohl geben als auch entgegennehmen zu können, hat man zu sich zurückgefunden. Zu seiner wahren Stärke. Nur durch Hingabe wird man also wirklich frei.

Es gibt noch etwas, das nicht unerwähnt bleiben sollte. Wenn man sich in dieser Tiefe berührt, wird etwas Wundervolles geschehen. Die Bekanntschaft mit den Tränen.

Man wird sie machen. In der Tiefe der Geborgenheit gibt es nämlich einen Ort, an dem alles fallengelassen wird, befreit von allen Rollen, die man bisher gespielt hat. Was dabei hochkommen wird, ist Trauer. Tiefe befreiende Trauer. Über die Kindheit, die Jugend, die vergangenen Beziehungen und die vielen Verletzungen, die man erlebt und anderen zugefügt hat. Noch immer sind sie in unserem Körper. Und jetzt endlich, wo wir angekommen sind von einer verwirrend langen Reise, können wir diese vergrabenen Gefühle zulassen und uns davon lösen. Mit unserem Partner. In tiefer Vertrautheit.

Hingabe löst alles Trennende auf.

Unser Partner als Verbündeter an unserer Seite wird uns in unserer Ganzheit erfassen. Lass die Trauer zu. Sie ist der Abschied von alten »Freunden«, die wir nicht mehr brauchen.

Lass auch die Trauer deines Partners zu. Sie richtet sich nicht gegen dich. Sie zeigt dir nur das tiefe Vertrauen, dass dir entgegengebracht wird. Sie zeigt, dass auch dein Partner angekommen ist. Gib diesen Gefühlen Raum und Platz.
Um die Trauer des anderen zuzulassen, bedarf es nicht viel. Ruhe, Verständnis, Zuhören und kein Kommentieren. Männer neigen dazu, sehr schnell zu kommentieren, in die Verstandesebene zu gehen, nach schnellen Lösungen zu suchen. Diese Trauer hat eine andere Qualität, sie will einfach nur da sein.
Frauen neigen dazu, sehr schnell in Emotionen zu gehen. Biete einfach nur deine Präsenz an, deine Stille und dein offenes Ohr.
Schenke deinem Partner das, was er bisher nicht bekam, Verständnis, Geborgenheit und ... Hingabe.
Durch Hingabe entsteht eine Einheit. Kinder können auch durch einen reinen Sexakt entstehen. Aber erst durch die Hingabe entsteht die Familie.

Glücksregel 13

Lerne zu nehmen

Partnerschaft ist Geben und Nehmen in gleichem Maße.

Geben fällt uns meistens leichter, weil wir uns dann ein bisschen größer fühlen. Belehren, beibringen, Erfahrungen weitergeben und zeigen, was wir alles drauf haben – da fühlen wir uns stark. Mit unserem Können, Wissen und Besitz andere in Abhängigkeit zu versetzen, das verspricht uns ein Gefühl von Macht und Kontrolle. Wir fühlen uns stark und sicher. Auch wenn die Macht ganz offensichtlich nicht von Dauer sein kann.

Denn wenn wir bereits alles können, alles wissen und nur belehrend agieren, wenn wir die Geschenke und Talente unseres Partners nicht annehmen wollen oder können, gibt es keinen Grund, warum er überhaupt bei uns bleiben sollte. Wir schätzen ihn ganz offensichtlich nicht und brauchen ihn anscheinend nur, um zu beweisen, wie toll wir sind. Damit degradieren wir ihn aber zum bloßen Beifallspender und entwerten ihn damit in unseren und bald auch in seinen eigenen Augen.

Eine der größten, aber auch schwersten Lernaufgaben in einer Beziehung ist interessanterweise der Ausgleich zum »Geben«: Es ist das »Nehmen-Können«, das Annehmen, die Fähigkeit, Neues zuzulassen, andere Erfahrungen zu bejahen, sich auszutauschen und vor allem, vom Partner zu lernen. Früher oder später werden wir an dieser Erfahrung nicht vorbeikommen oder in unserer Partnerschaft scheitern.

Denn hinter dem Zwang, ständig geben zu müssen, versteckt sich in Wirklichkeit wieder einmal unser Minderwertigkeitsgefühl, das wir zu vertuschen versuchen, indem wir Größe vortäuschen.

Je mehr wir uns aufblasen, desto kleiner fühlen wir uns in Wahrheit

und wir hoffen inständig, dass es niemand entdecken möge. Noch immer glauben wir, dass wir, so wie wir sind, nicht geliebt werden. Dass es nicht wirklich ausreicht, um einen Partner zu halten. Allein aus diesem Grund prahlen wir mit unserem Wissen und Können.
Doch wenn wir nicht fähig sind zu nehmen, werden wir nichts Neues erfahren. Dann laufen wir in zwanzig Jahren noch immer mit den gleichen Meinungen und Sprüchen herum. Wir werden dann nie etwas »Neues« zu geben haben, sondern immer nur das »Gleiche«, Wenige.

> **Wahre Größe zeigt sich darin,**
> **wie sehr du zulassen kannst, auch klein zu sein.**

Können wir jemand anderen größer sein lassen als wir es selbst sind? Wenn man eine wahrhaft tiefe Liebesbeziehung haben möchte, sollte man es zulassen. Denn nur, wenn der Partner auch etwas geben kann, herrscht Gleichgewicht. Er kann aber nur geben, wenn du nehmen kannst. Wenn man alles abweist, was von ihm kommt, beschämt man nicht nur ihn, sondern unterbindet gleichzeitig den Fluss zwischen beiden.
Nur zu geben und nichts anzunehmen bringt die Beziehung in eine gewaltige Schieflage. Der Partner verliert seine Unabhängigkeit. Er fühlt sich verpflichtet, während man selbst glaubt, Ansprüche geltend machen zu können. Das Ende ist vorprogrammiert.

Wenn wir uns aber von unserem Partner auch einmal dahin führen lassen, wo *wir* unsicher sind, wo wir unsere Schwächen und wunden Punkte spüren, können wir unglaublich viel lernen. Wenn wir vertrauen, wird unser Partner uns ungefährdet durch das unbekannte Terrain geleiten. Er weiß um unsere Ängste und Minderwertigkeitsgefühle, er kennt sie an sich, wenn er unser vermintes Terrain betritt.
Und wenn unser Partner wieder *unser* Gebiet betreten wird, werden wir ganz anders mit ihm umgehen. Denn nun kennen wir die Fallen und Unsicherheiten, die ihn begleiten, am eigenen Leib. Das erzeugt Nähe, Fürsorge und Liebe. Vor allem aber Gleichwertigkeit.

Aber was sind das nun für Gebiete, die uns angeblich unbekannt sind? Nun, das ist immer dort, wo wir lieber nicht sein möchten und gerne ausweichen. Wo unser Partner immer wieder an seine Grenzen mit uns kommt. Das kann z. B. das Zulassen von Gefühlen sein, ein Gespräch, das tiefer geht und wunde Punkte berührt, vielleicht aber auch die Suche nach einer anderen Form von Sexualität. Du kennst die Punkte, wo du gerne kneifst.

Wenn beide Partner auf verschiedenen Gebieten stark sind und ihre Anteile einbringen können, ergänzen sie sich zu einer wundervollen Einheit. Die Beziehung wird sowohl nach innen wie auch nach außen hin sehr kraftvoll sein.

Wenn beide gleich viel geben und nehmen, die Stärken des anderen nutzen und die Schwächen mit Behutsamkeit und Liebe auffangen, wird das Vertrauen wachsen und das bedrückende Gefühl, alles alleine meistern zu müssen, sich in Luft auflösen.

Lerne die Welt deines Partners kennen.

Nutze die Chance des Gegenpols.

Dein Partner bringt ungeheuer viel Neues mit in die Partnerschaft. Verschwende nicht das Potential eurer Beziehung, sondern versuche von deinem Partner zu lernen. Er kennt deine Schwachstellen. Er kann sie vielleicht sogar ausgleichen und auffangen. Aber nur, wenn du ihn lässt. Überwinde deine Scham und Minderwertigkeitsgefühle. Vertraue dich der Führung deines Partners an. Vergiss nie, er ist auf deiner Seite.

Glücksregel 14

Achte deine Beziehung

Die Abwärtsschraube

Am Anfang der Beziehung war alles prima. Man war glücklich einen Partner gefunden zu haben. Man war verliebt und zufrieden. Man hat sich eingesetzt, bemüht und mit dem Partner klare, gemeinsame Ziele gehabt.

Doch mit der Zeit hat sich etwas verändert. Schleichend, fast unmerklich zog der Alltag ein. Sex war nicht mehr so rasend spannend, die körperliche Neugierde irgendwann befriedigt und auch die Zärtlichkeiten verloren sich immer mehr. Leider auch die Anerkennung und Bewunderung. Es gab eben nichts mehr Neues, das es zu bewundern galt.

Mit der Zeit haben wir dann völlig vergessen, wie begeistert wir am Anfang von unserem Partner waren, wie einzigartig und wie tief wir einander einmal berührt hatten. Das Besondere ist irgendwann einfach normal geworden. Die Liebe ging im Organisieren des Alltags unter. Wir waren wahrscheinlich ein fabelhaftes Team, aber alles Wunderbare wurde schließlich immer mehr zum Selbstverständlichen.

Und heute?

Da fällt es nur noch auf, wenn das Wunderbare einmal ausbleibt. Schon seit langem gibt es keine Anerkennung und Bewunderung mehr. Im Gegenteil, heute beweist jeder dem anderen, was er selbst alles für die Beziehung tut, welche Strapazen er auf sich nimmt, und dass er wesentlich stärker belastet ist als sein Partner. Es ist ein Wetteifern um Freizeit geworden, auf keinen Fall nachgeben, nachgeben bedeutet weniger ausschlafen, mehr Haushalt und weniger Zeit für sich. Es geht darum, den Partner zu beneiden, denn wer sich am meisten beschwert, kann mehr Zeit für sich herausschlagen.

> Jeder zeigt dem anderen also, welche Belastung die
> Beziehung für ihn darstellt und wie wenig er scheinbar
> als Gegenleistung zurückerhält.

Und wer offensichtlich so wenig zurückbekommt, lässt sich immer mehr gehen und investiert immer weniger. Im Gegenzug bekommt er tatsächlich auch immer weniger.

Die schönen Momente lassen jedenfalls auf diese Weise immer mehr nach. Mit der Zeit sieht man nur noch die Mühe und den Ballast in der Beziehung. Und trägt Tag für Tag noch mehr Ballast hinein. Die Arbeit, der Chef, die Kollegen, die Schule und der dämliche Strafzettel. Aber je mehr wir hineintragen, umso mehr ist unser Partner gezwungen, uns in nichts nachzustehen. Alles wird aufgerechnet. Immerhin geht es darum, wer das größere Recht auf die heiße Badewanne hat.

Also fährt er mit dem Krach in der Firma auf, dem Abgabetermin und dass er auch noch heute in der Früh den Jungen in die Schule gebracht hat.

So. Wer darf nun in die Badewanne? Am besten beide, gleichzeitig. Aber dazu sind beide nicht mehr bereit.

Natürlich beklagen wir uns immer öfter über mangelnde Zärtlichkeit und das Fehlen von Sexualität und merken dabei nicht, dass wir in einem Kreislauf gefangen sind, den wir selbst erschaffen haben.

Mal ganz ehrlich, was kann man auch anderes erwarten? Wenn die ausgezogenen Socken noch frisch dampfend in der Ecke liegen, ist es für den Partner etwas schwer, ihn als das begehrenswerteste Model der westlichen Hemisphäre zu betrachten. Sinnlichkeit kommt da wohl eher zögernd auf. Der Partner muss jedenfalls ganz schön ausgehungert sein, um es zu schaffen die Füße des Partners vom Tisch zu kriegen, den Fernseher auszuschalten, den Streit zu vergessen, das Chaos im Gang nicht zu sehen und trotzdem lüstern mit ihm in die alte, muffige Bettwäsche zu springen.

Intime Liebesschwüre in alten, ausgedienten Boxershorts oder hinter

einer klebrigen Schönheitsmaske sind nicht gerade stimulierend. Schon gar nicht, wenn die Steuererklärung, der verlorene Milchzahn des Kleinsten oder eben das dämliche Parkticket in den Köpfen herumschwirren. Und ebenso nicht, wenn Sex zu einem routinemäßigen Dienstleistungsunternehmen degradiert wurde.
Natürlich kommt da zwangsläufig der Moment, wo uns alles über den Kopf wächst. Wir betrachten das Leben nur noch als Mühsal, die Beziehung nur noch als Arbeit. Meist fehlt die Anerkennung für unsere Leistung inzwischen völlig. Überschattet von Forderungen und Schuldzuweisungen, sehen wir nicht mehr, wofür es sich lohnen sollte zu kämpfen. Und irgendwann werden wir feststellen, dass es uns eigentlich außerhalb der Beziehung viel besser geht.
Von da an kümmern wir uns wesentlich mehr um unsere Arbeit und unsere Freunde, mit denen wir uns gut verstehen und die uns keine Vorhaltungen machen. Wir fliehen regelrecht dorthin, wo wir Anerkennung bekommen. Dort sind wir unbeschwert und glücklich, wir können wieder lachen, frei von den ewigen Verpflichtungen und dann …?

Dann kommt man nach Hause und tut das, was man »entspannen« nennt. Man lässt sich gehen und bemüht sich nicht mehr. Erschöpft fällt alles von einem ab. Jetzt nur keine Diskussionen. Schon gar nicht eine Aussprache. Verletzt zieht sich der Partner zurück.
Irgendwann wird man sagen: »Komisch, mit anderen verstehe ich mich prächtig, dort bin ich glücklich und frei, nur bei dir zu Hause gibt es nichts zu lachen.«
Wir sollten aber nie vergessen, wir selbst sind es, die unseren Ballast dort abgeladen haben.

Deine Beziehung ist das, was du aus ihr machst.

Also, nicht nur unser Partner gibt sich nur noch wenig Mühe, auch wir lassen uns gehen. Meist kleiden wir uns nicht mehr ansprechend, achten nicht auf unser Äußeres und laden den ganzen Unmut des Tages zu Hause ab. Alles im Namen der Liebe. Zu müde für ein anregendes

Gespräch oder eine vertrauliche Zweisamkeit. Wir gehen auch nicht davon aus, dass unser Partner noch Neues zu berichten hätte.
Intimität ist nicht mehr der wundervolle Zauber von kleinen Entdeckungen.

Hat unser Partner das wirklich so verdient? War es das, was er wollte? War es das, was wir ihm von uns zeigen wollten? Wir machen aus der Beziehung, was sie ist.
Betrachten wir doch einmal objektiv, wie viel Aufmerksamkeit wir darauf verwenden und wie viel Mühe wir uns inzwischen geben, woanders zu glänzen und unsere schönen Seiten zu zeigen. Und tatsächlich leben wir dort auch ganz anders. Freier, ungezwungener, charmanter und gut gelaunt – mit einem Wort: Dort sind wir ein angenehmer Zeitgenosse. Ist doch klar, dass man uns mag und wir uns verstanden fühlen.
Aber es war einmal anders, zumindest zu Beginn unserer Partnerschaft. Dabei sollten wir uns stets vor Augen halten, dass die anderen, die da »draußen«, uns nur deswegen nicht verletzen, weil wir ihnen einfach nicht die Möglichkeit dazu geben. Wir lassen sie nämlich gar nicht so nahe an uns heran.

Hol dir wieder das zurück, was euch beide ausmacht

Die eigentliche Falle ist, dass man irgendwann glaubt, die Beziehung sei anstrengend. In Wahrheit ist es meistens so, dass der berufliche Alltag sehr stressig ist und man abends müde und abgeschlafft nach Hause kommt. Dann fällt die ganze Anspannung ab und man ist natürlich zu müde, auch noch ein Gespräch zu führen, welches in die Tiefe gehen soll, oder irgendwelche Kompromisse einzugehen. Kompromisse musste man schließlich schon den ganzen Tag bei der Arbeit eingehen.
Fälschlicherweise glauben wir nun, dass es die Beziehung sei, die uns Kraft kostet, dabei ist es der berufliche Stress, der jetzt abends von uns abfällt und der es uns nicht erlaubt, auf unseren Partner einzugehen. Aus diesem Grund schieben wir unseren Gefährten

von uns weg und wundern uns, wenn wir plötzlich eine ganze Menge Probleme bekommen.

Wir sollten der Partnerschaft einfach wieder den Raum und die Zeit geben, die man am Anfang für sie hatte und das bedeutet auch, sich darauf zu besinnen, was uns einst wichtig war.
Wir sollten auch wieder Leichtigkeit und Humor in die Beziehung bringen und uns wieder so geben, wie in den ersten Tagen. Was für einen wundervollen Menschen hattest du damals an deiner Seite. Du hast ihn heute noch. Er ist das größte Geschenk in deinem Leben. Hol dir das Erleben von Glück zurück.

> **Auch das Wunderbarste wird gewöhnlich, wenn das Gewöhnliche nicht immer wieder wunderbar ist.**

Macht ein Spiel aus eurer Beziehung. Gestaltet den Alltag wieder außergewöhnlich.
Nichts anderes haben wir zu Beginn unserer Beziehung gemacht.
Es ist doch klar, dass uns zu Hause die Decke auf den Kopf fällt. Was fehlt, ist manchmal nur das gewisse Prickeln. Das ist aber normal. Das ist in jeder Beziehung so. Wenn man immer wieder den gleichen Film ansieht, und sei er auch noch so spannend, wird er uns schnell langweilen. Irgendwann macht er uns sogar ungeduldig und aggressiv. Ganz ähnlich geht es uns mit Musik. Wir wollen immer wieder neue Stücke entdecken. Aber die neue Musik ist gar nicht so neu. Es sind immer die gleichen Noten, bestehend aus sieben Tönen, nur eben in einer anderen Reihenfolge. Auch im Film erleben stets die *gleichen* Schauspieler, die wir so gerne mögen, immer andere, neue Abenteuer. Nichts anderes sollten auch wir tun.

> **Nicht die »Schauspieler« in deiner Beziehung müssen ausgetauscht werden, sondern die Abenteuer.**

Geht uns also der ewig gleiche Trott von Arbeit und Fernsehen auf die Nerven, hat dies weniger mit dem Potential unserer Beziehung zu tun, sondern eher mit der Qualität, die wir ihr geben. Wir sollten uns also einfach die Qualität wieder zurückholen. Wir sollten anfangen, wieder Spaß und Einfallsreichtum in unsere Beziehung zu bringen. Vor allem aber auch Liebe und Achtung und Aufmerksamkeit. Wenn du erkennst, was dein Partner alles für dich tut, muss er es dir nicht dauernd unter die Nase reiben. Wenn du ihn achtest, achtet er auch dich. Erinnere dich daran, wie du angetreten bist. Vielleicht hast du einfach nur vergessen, wie wertvoll deine Beziehung ist.

> Denn wenn ihr immer noch zusammen seid,
> obwohl ihr euch inzwischen unausstehlich findet,
> dann müsstet ihr ja bis in alle Ewigkeit
> zusammen sein können, wenn ihr anfangt,
> euch wieder wundervoll zu finden.

Glücksregel 15

Räume deinem Partner einen Platz in deinem Leben ein

Einen Platz, den nur er ausfüllen kann. Nur er allein. Niemand sonst. Denn nur, wenn er in unserem Leben etwas ausmachen und für uns etwas Einzigartiges sein darf, wird er gerne an unserer Seite stehen.
Wenn wir unserem Partner jedoch das Gefühl geben, besser ohne ihn auszukommen, gibt es für ihn keinen Grund, weiterhin bei uns zu bleiben.
Das Beste, was wir also für unsere Beziehung tun können, ist: Unserem Partner den unschätzbaren Wert zu zeigen, den er für unser Leben darstellt. Wenn er erkennt, wo er uns unterstützen kann, uns ergänzt, unser Leben reicher macht und durch niemand anderen zu ersetzen ist, gibt es eine tiefe Befriedigung für beide.
Es geht übrigens nicht darum, was unser Partner alles für uns tut. Das macht er sowieso. Es geht darum, dass wir ihm zeigen, dass wir wissen, dass er dies alles für uns tut. Es geht um Anerkennung. Diese Anerkennung sollten wir ihn in jeder einzelnen Pore spüren lassen.
Er tut mehr für uns als wir uns vorstellen können, auch wenn es in unseren Augen immer zu wenig sein wird. Vielleicht aber sehen wir einfach nicht mehr richtig hin. Denn wer geht mit uns durch unsere Schmerzen? Wer geht mit uns durch unsere Trauer und unsere Krankheit? Durch unsere Sehnsucht, Minderwertigkeitsgefühle und Ängste? Durch unsere verkorkste Kindheit? Wer erträgt unsere Wahrheit, wenn alle Masken fallen? Wer verzeiht uns unsere Lächerlichkeit und unseren Kleinmut? Wer glaubt trotz allem an unser Potential und baut uns auf und wer ist unermüdlich bereit, mit uns gemeinsam zu transformieren, Muster loszulassen und es trotz aller Stürme unerschrocken an unserer Seite auszuhalten?

Zeig deinem Partner, dass du dich mehr als glücklich schätzt, so einen wundervollen Menschen an deiner Seite zu haben. Den Platz an deiner Seite bekommt er nur durch eins: durch deine Anerkennung.

> **Am Anfang einer Beziehung schätzt du dich glücklich,**
> **dass dein Partner bei dir ist.**
> **Irgendwann später glaubst du,**
> **dein Partner kann sich glücklich schätzen,**
> **dass du bei ihm bist.**

Das ist meistens der Moment, in dem wir still und heimlich unsere Anerkennung zurückziehen. Wir ziehen unserem Partner regelrecht den Stuhl unter dem Hintern weg. Doch dann sollten wir uns nicht wundern, wenn wir auf einmal gewaltige Probleme bekommen. Wenn wir tatsächlich unsere Beziehung auf quälende Weise beenden möchten, brauchen wir unserem Partner einfach keine Anerkennung mehr zu schenken.

Möchten wir jedoch eine wahrhaft starke und tiefe Liebesbeziehung führen, sollten wir nicht nur einen Stuhl hinstellen, sondern den bequemsten Sessel, am besten eine ganze Liegewiese mit den komfortabelsten Kissen und Polstern.

> **Dein Partner gehört auf den Thron deines Lebens.**
> **Nur dann kannst auch du sicher auf deinem sitzen.**

Wie wir gesehen haben, bekommen wir immer nur das, was wir bereit sind auch selber zu geben. Ist unser Partner das Wichtigste in unserem Leben, werden wir es auch für ihn sein. Am besten lassen wir ihn also wissen, dass er unser Leben unendlich bereichert, dass wir ohne ihn weniger sind und dass wir uns der Kraft und Unterstützung, die er uns gewährt, absolut bewusst sind.

Wenn wir unserem Partner zeigen, dass er diesen einzigartigen Wert in unserem Leben besitzt, werden wir etwas haben, was wir uns schon immer gewünscht haben: eine kraftvolle und starke Beziehung.

Und alles nur, weil unser Partner etwas ausmachen darf in unserem Leben. Hol dir die Kraft deines Partners zurück. Anerkennung ist der wichtigste Schlüssel dazu.

Glücksregel 16

Unterstütze deinen Partner

Jeder Erfolg deines Partners ist auch dein Erfolg.

Freue dich über jeden Fortschritt deines Partners, als wäre es dein eigener Erfolg. Denn alles, was deinen Partner stärkt, stärkt auch dich.
Wir haben jedenfalls mehr Anteil daran als wir denken. Es ist auch unser Fortschritt. Allein schon, weil wir es geschafft haben genügend Größe zu entwickeln, das Wachsen unseres Partners zuzulassen. Alleine, dass wir ihm die Freiheit gelassen haben, sich zu entfalten, zeigt unsere Größe.
Wenn wir unseren Partner fördern und unterstützen, ganz gleich, welche Meinung wir eigentlich vertreten, wenn wir sein Anliegen zu unserem machen, fühlt sich unser Partner verstanden und aufgehoben. Bei uns ist er sicher. Er vertraut unserem Rat, weil er weiß, dass wir nur sein Bestes wollen. Er kann sich sicher sein, dass wir nicht aus Kleinmut heraus Dinge verhindern wollen. Damit stärken wir nicht nur unseren Partner, sondern festigen auch die Partnerschaft.
Gibt es andererseits keine Entwicklung, so steht die Partnerschaft still und wird uns irgendwann nicht mehr gefallen. Spätestens dann, wenn wir uns selbst weiterentwickeln möchten.

**Willst du einen starken Partner an deiner Seite,
so unterstütze ihn.**

Unser Partner will uns und braucht unsere Unterstützung.
Am Besten machen wir die Wünsche des Partners zu unseren Wünschen. Wir sollten nicht der schärfste Kritiker sein, der schon das kleinste Aufblühen einer neuen Idee mit Füßen tritt.
Meist geschieht dies nur aus Angst vor Veränderung und davor,

dass sich der Wandel gegen uns richten könnte. So versuchen wir dann, unseren Partner klein zu halten, nur damit wir groß bleiben können. In einer starken Beziehung ist für solchen Kleinmut allerdings kein Platz.

Wird die Kraft für den Kampf innerhalb der Beziehung verbraucht, so steht nicht mehr viel Energie für Aktivitäten im Außen zur Verfügung. Wenn wir die Partnerschaft ständig bremsen, kostet das beide viel Energie.
Wir werden stets das Gefühl haben, die Beziehung koste uns Kraft und Überwindung, sie behindere uns. Was sie auch tatsächlich irgendwann tun wird.
Wir kommen nicht zu dem, was wir eigentlich wollen und irgendwann können wir nicht mehr erkennen, warum wir in dieser Partnerschaft bleiben sollten.
Wenn man sich durch die Partnerschaft behindert fühlt, fühlt sich der Partner erst recht behindert. Und alles nur, weil man ihn ständig klein zu halten versucht und keine weitere Entwicklung zulässt.
Damit hält man aber auch seine Beziehung klein. Tatsächlich behindert man sich also nur selbst, weil man auf diese Weise immer nur in einer »unfreien« Beziehung leben wird.
Wir sollten uns also über jeden Erfolg unseres Partners freuen. Und wenn unser Partner klug ist und den wahren Wert der Beziehung erkennt, wird er uns diese Anerkennung zurückgeben und seinen Erfolg zu einem gemeinsamen Erfolg werden lassen.
Und wenn du klug bist und die Unterstützung deines Partners haben möchtest, wirst du deinen Erfolg zu seinem Erfolg werden lassen. Denn ohne ihn hättest du es nie geschafft.
Wenn schließlich beide um die Kraft und Stärke des anderen wissen und diese bedingungslos fördern, hat man das, was sich eigentlich alle wünschen: eine kraftvolle und starke Beziehung.

Glücksregel 17

Rede nicht schlecht über deinen Partner

Rede *mit* deinem Partner nicht *über* ihn.

Wir lieben unseren Partner, sind gerne mit ihm zusammen und dennoch können es viele von uns nicht unterlassen ihn vor anderen bloßzustellen. Wir alle kennen die Geschichten, in denen der Erzähler gut herauskommt und der andere schlecht.
Wir kennen solche Situationen auch von befreundeten Paaren. Wenn wir sie eingeladen haben und gemütlich beisammen sitzen, versuchen sie sich über den Partner lustig zu machen oder ihn herabzusetzen. Wir erfahren so ganz nebenbei, dass er ein schlechter Witzeerzähler ist, sowieso immer aufbrausend, niemals kocht und nicht einmal fähig ist, eine Geschirrspülmaschine korrekt einzuräumen. Wir hören von mangelnden Fahrkünsten, von nervenden Fernsehgewohnheiten, von seinem Schnarchen oder ihrer ständigen Unlust.
Einzeln scheinen diese Geschichten harmlos zu sein, in der Gesamtheit geben sie jedoch ein Bild, in denen sich der angesprochene Partner sicherlich nicht geborgen fühlt.
Diese Beispiele würden Seiten füllen. Wir alle kennen das. Wir kennen auch unsere Reaktion. Wir lachen, sind amüsiert und geben auch eine Geschichte zum Besten.
Auch wir zeigen also nicht, wie glücklich wir sind, wie stolz, wie erfüllt, wie dankbar. Nein, wir meckern, ziehen ins Lächerliche, finden Attribute wie »immer«, »ständig« oder »nie« und wundern uns, wenn unser Partner auf dem Nachhauseweg seltsam fremd oder betroffen reagiert.

Denn auch, wenn es scheinbar spaßig formuliert wird, verletzt es.

Warum versuchen so viele von uns ihren Partner klein zu halten und ihn vor anderen in einem schlechtem Licht erscheinen zu lassen? Warum verraten sie ihr kleines, intimes Glück? Warum zeigen sie nicht, wie glücklich ihre Wahl ausfiel?
Gewöhnlich geht man sogar noch einen Schritt weiter. Sogar hinter dem Rücken des Partners, unter dem Siegel der Verschwiegenheit, im vertraulichen Gespräch, plaudert man nicht nur über seine privaten Dinge, sondern verrät vor allem auch intimste Unzulänglichkeiten seines eigenen Partners.

> **Mit deinen Geschichten vergrößerst du nur die Distanz zu deinem Partner.**

Die »guten« Freunde wissen sogar meist mehr als der Partner selbst. Sie erfahren, wie er im Vergleich zu seinem Vorgänger abschneidet, wie standhaft er im Bett ist oder wie enttäuschend wenig er einen befriedigt, welche Abtörner und Highlights er gebracht hat, wie er es wieder einmal geschafft hat einen zu verletzen, wie wortkarg er in Gefühlsdingen ist und wie anhaltend rechthaberisch in Kleinigkeiten. Die Freunde erfahren, wie wenig der Partner in Wirklichkeit von einem weiß und wie wenig Mühe er sich gibt, einen tief in seinem Inneren kennenzulernen.

> **Jede dieser Geschichten ist ein kleiner Verrat.**

Manchmal erfahren unsere Freunde sogar Dinge, die wir unserem Partner ganz bewusst vorenthalten. Sie hören von unseren heimlichen Seitensprüngen, von unseren unerfüllten Sehnsüchten und Wünschen, die wir still und leise mit einem anderen ausleben.

Hinter dem Rücken unseres Partners erzählen wir also freimütig intime Dinge, während wir bei ihm selbst stumm wie ein Fisch sind und ihn still und leise auflaufen lassen.
Meist wissen die Freunde sogar früher, wann wir ihn wieder loswerden wollen.

Hört sich das nach Liebe an? Nach Vertrauen und Geborgenheit? Nach der tief ersehnten Einheit? Nach Würde und Kraft?

Willst du Intimität, musst du sie auch wahren.

Wenn man keine Geheimnisse bewahren kann, wird man uns auch keine anvertrauen.
Unser Partner wird sich uns nicht öffnen. Warum sollte er uns auch sein Innerstes anvertrauen, wenn er schon bald zum lustigen Gesprächsstoff werden wird? Wer will sich schon als Anekdote bei unseren Freunden wiederfinden?
Vor allem, da viele dieser Geschichten stets nur ein Ziel haben: Bewunderung der eigenen Person und Recht haben.

Recht haben bringt dir keine Liebe.

Recht haben bedeutet, dass der andere Unrecht hat, ohne dass er sich bei unserer einseitigen Geschichte zur Wehr setzen kann. Recht haben erzeugt Fronten und Fronten bringen Trennung.
Darüber hinaus erzählen wir nicht nur unseren Teil der Geschichte, wir befragen sogar unsere Freunde und Bekannten um ihre Meinung.
Beobachte einmal, wie sehr uns die Meinung anderer über unseren Partner interessiert und beeinflusst. Wie oft wir unter dem Deckmantel des Ratholens einen Vertrauensbruch begehen.
Wie findest du ihn? Passt er zu mir? Glaubst du, er meint es ernst? Soll ich bei ihm bleiben? Ist er was für länger?
Als ob andere, die unserem Partner nie so nahe kommen wie wir selbst, uns darauf eine Antwort geben könnten. Als ob andere sehen könnten, wie wir uns ihm gegenüber wirklich verhalten.
Wenn wir anfangen, ganz bewusst zu beobachten, werden wir vielleicht feststellen, dass, wenn andere solche Geschichten erzählen, wir ihnen normalerweise nicht nur beipflichten und sie bestätigen, sondern ebenfalls mit eigenen Geschichten aufwarten.
Erzähle deine Geschichten einmal nicht. Höre einmal nur zu und

stelle fest, wie es sich anfühlt, wenn andere ihren ganzen intimen Müll vor dir ausbreiten.

Vielleicht werden wir merken, wie groß unsere Neugierde ist, etwas Negatives und Intimes über andere zu erfahren, weil es uns ein Gefühl von Macht gibt.

Doch sobald man einmal den Fokus verändert hat, wird man vielleicht auch feststellen, wie unangenehm und vor allem wie trennend dieses Verhalten ist. Liebe spricht eine andere Sprache.

Vielleicht wird man auch feststellen, dass einem der Gesprächsstoff mit den Freunden und Bekannten ausgeht, wenn man sich an solch einem Gespräch nicht beteiligt.

Vielleicht wird man sich wundern, wie sehr das bisherige Leben von solchen Geschichten bestimmt wurde.

Die Freunde wissen davon ein Lied zu singen. Sie sind geradezu süchtig auf allzu Intimes von uns. Noch dazu wenn es belustigend oder zum Schaden des Partners ist. Dann können sie mit »guten« Ratschlägen aufwarten.

Ja, lästern ist gesellschaftsfähig. Ständig zieht man über andere her, bewertet, verurteilt und tratscht über äußerst intime oder verletzende Dinge, vor allem mit Menschen, die es eigentlich gar nichts angeht.

Aber erstaunlicherweise bemerken wir erst dann, wenn wir versuchen es zu unterlassen, wie oft wir tatsächlich über unsere Beziehung mit anderen reden.

> **Breite nichts Intimes unter deinen Freunden aus.**
> **Es gibt Dinge, die gehen nur dich**
> **und deinen Partner etwas an.**

Also rede nicht schlecht über deinen Partner. Hör auf, mit anderen Meinungen über ihn auszutauschen, Bewertungen abzugeben oder über ihn herzuziehen.

Rede auch nicht schlecht über deine Ex-Partner. Wie sonst soll dein jetziger Partner dir vertrauen und glauben, dass du eines Tages nicht auch über ihn alles hinausposaunst?

Wenn jemand dir Geschichten anbietet, so sag, dass du sie nicht hören willst. Lass dich nicht auf solche Geschichten ein, werde nicht Teil von Halbwahrheiten und intimem Vertrauensbruch. Wenn andere unbedingt ihren Müll abladen wollen, sollen sie es tun, aber nicht bei dir.
Du willst nichts wissen, was eigentlich nicht für deine Ohren bestimmt ist. Nur weil deine Freunde ihre Sachen nicht vertraulich behandeln, ist das kein Grund, es ihnen gleich zu tun.
Auf jeden Fall wirst du sehen, wie überrascht deine Gesprächspartner sein werden, wenn du diese Geschichten nicht mehr hören willst, wie sie sich ertappt fühlen, wie sie sich verteidigen: »Ja, normalerweise rede ich über so etwas auch nicht.«

> **Glaube mir, du möchtest nicht dabei sein, wenn dein Partner die Wahrheit über dich auspackt.**

Es gibt nämlich auch die andere Seite. Mit Sicherheit möchtest du nicht dabei sein, wenn dein Partner über dich herzieht und deine dunklen Seiten ans Licht zerrt. Geschichten über dich gäbe es bestimmt genügend.
Wie würde sich das für dich anfühlen, wenn du so verraten wirst?

> **Die Energie folgt der Aufmerksamkeit.**

Auf was auch immer man sein Augenmerk richtet, das vermehrt sich. In diesem Fall all das, worüber man so freimütig plaudert. Wenn man seine Energie auf das Störende, Trennende lenkt, wird dies zunehmen, weil man ihm Energie, also Aufmerksamkeit zuführt.
Wenn man seine Aufmerksamkeit auf das Wunderbare in seiner Beziehung richtet, wird eben das verstärkt.
Durch jene Geschichten allerdings, die wir vor anderen zum Besten geben, weiß unser Partner nun, was wir wirklich von ihm halten.

All die Bereiche, in denen er so wundervoll zu uns ist, zählen in unseren Augen offensichtlich nicht. Unsere Freunde erfahren nicht, was für ein außergewöhnliches Glück wir mit ihm haben, sondern nur, wie tapfer wir es an seiner Seite aushalten.
Also wird er mit den nicht geachteten Verhaltensweisen immer mehr nachlassen oder sogar ganz aufhören und bald werden wir ihn tatsächlich nur noch so haben, wie wir ihn nach außen hin bereits darstellen.

Dabei ist es so einfach. Es ist eigentlich wie bei Kindern. Versucht man etwas zu bekämpfen, wird der Widerstand zunehmen. Findet man etwas ganz toll und zeigt seine Begeisterung darüber, wird man es immer und immer wieder angeboten bekommen.
Man sollte sein Augenmerk also auf das legen, was man vermehren möchte und nicht auf das, was man ändern will. Gib diesen Dingen, die dir gefallen, deine Energie, sei begeistert, zeige deine Freude und dieser Anteil wird zunehmen.

Schenke dem Ungeliebten keine Energie und es wird nachlassen und irgendwann ganz verkümmern.
Rede deshalb nie schlecht über deinen Partner, sondern immer nur gut. Stell die wundervollen Seiten heraus, zeige deine Zufriedenheit in diesen Dingen und dein Partner bekommt in deinem Leben einen tieferen Sinn, eine Berechtigung an deiner Seite zu sein. Er wird es gerne tun. Weil er sich angenommen fühlt.
Und vor allem wird auch er nicht mehr schlecht über dich sprechen, sondern ebenfalls deine besten Seiten herausstellen.
Und auch deine Freunde werden künftig mithalten wollen. Wenn du ihnen zeigst, wie glücklich du mit deiner Wahl bist, werden sie ebenfalls nach den guten Seiten ihres Partners kramen und sie dir präsentieren.

Die Beziehung wird gestärkt. Und dies ist es schließlich, was wir uns alle wünschen.

Glücksregel 18

Spiel nicht mit dem Feuer

Flirt, die Einstiegsdroge zum Seitensprung

Auf den ersten Blick scheint der Flirt eine Art von Machtspiel zu sein. Dem festen Partner wird signalisiert: »Ich kann auch ohne dich. Ich bin auch für andere begehrenswert. Wenn du dir also keine Mühe gibst, bin ich wahrscheinlich bald weg, andere nehmen mich sofort.« Es ist ein deutlich warnender Hinweis, sich jedenfalls nicht mehr allzu sicher zu fühlen.

Eine Beziehung ohne Sicherheit erzeugt Distanz.

Ist es das, was wir wollen? Möchten wir wirklich Distanz in unserer Partnerschaft aufbauen?
Oder möchten wir einfach nur wissen, ob wir beim anderen Geschlecht noch ankommen? Ob wir überhaupt noch begehrenswert sind? In unserer Beziehung bekommen wir dieses Gefühl wahrscheinlich schon lange nicht mehr. Da fühlen wir uns eher klein und missverstanden.
Da kann ein Flirt, nach so langer Zeit der Entbehrung, das fast vergessene Selbstwertgefühl in der Tat kräftig aufpolieren. Endlich wieder im Zentrum der Bewunderung, fühlen wir uns für einige Stunden wieder begehrenswert. Dieses Gefühl ist mehr als berauschend. Besonders in Zeiten, in denen wir uns eher weniger zutrauen und uns zu Hause die Decke auf den Kopf fällt. Natürlich schmeicheln da die charmant frivolen Avancen unserem Ego. Wir spüren, dass die Wirkung auf das andere Geschlecht noch nicht nachgelassen hat, dass wir noch äußerst verführerisch wirken und erfahren auf sinnlich reizvolle Weise, dass so mancher gerne mit uns ins Bett gehen würde.

Ins Bett gehen ja, aber würden sie auch gerne eine Beziehung mit uns führen wollen? Davon erfahren wir nichts.
Dafür erfahren die anderen von uns, dass wir eigentlich zu haben wären, obwohl wir bereits in einer Beziehung sind. Und dass unsere Partnerschaft sexuell nicht wirklich befriedigend sein kann und wir eine kleine erotische Aufmunterung gut gebrauchen könnten.

Was der Beziehung nicht nützt, schadet ihr.

Obschon wir also in festen Händen sind, präsentieren wir uns jemand anderem von unserer verführerischen Seite und machen ihm insgeheim Hoffnungen. Wir zeigen, was für eine sinnlich erregende Person wir eigentlich sein könnten, wenn wir nur dürften. Dabei setzen wir unsere körperlichen Reize ein und spielen mit Gefühlen.
Mit sanften Blicken, scheinbar unbeabsichtigten Berührungen, stillen Andeutungen und unausgesprochenen Versprechungen.

> **Du stellst die Möglichkeit in den Raum,**
> **deinen Partner zu verlassen.**
> **Und sei es nur für eine Nacht.**

Genau genommen weckt man beim Flirt emotionale Erwartungen, die man eigentlich gar nicht stillen möchte.
Das kann das »Opfer« aber nicht wissen. Vielleicht verspricht sich der andere wesentlich mehr. Vielleicht ist es für ihn nicht nur ein Flirt. Vielleicht möchte er uns wiedersehen. Vielleicht will er uns näher kennen lernen.
Unser Gegenüber weiß nicht, dass wir nur unsere Anziehungskraft austesten wollen. Dass es nur ein Spiel für uns ist.

Was immer der Beweggrund sein mag, beim nicht ernst gemeinten Flirt benutzt man einen anderen Menschen, um das eigene Selbstwertgefühl zu erhöhen. Man möchte nur das eigene Ego streicheln. Dabei ist es egal, was der andere tatsächlich empfindet, welche Hoffnungen und Begehrlichkeiten bei ihm geweckt werden oder welche

Enttäuschungen auf ihn warten. Es spielt auch keine Rolle, dass er anschließend wieder in die Anonymität abtauchen muss.

> **Jedes Versprechen weckt Hoffnungen.**
> **Flirt ist so ein Versprechen,**
> **das jedoch nicht eingehalten werden will.**

Am Siedepunkt lässt man sein »Opfer« alleine zurück. Je enttäuschter es ist, desto erfolgreicher fühlt man sich. Dass die Sehnsucht, die man geweckt hat, beim Gegenüber Gefühle erzeugt, die vielleicht nicht mehr so schnell zu ordnen sind, macht den Flirt in unseren Augen gerade so erfolgreich. Soll er doch ruhig von uns träumen, von unserer Sinnlichkeit und unseren nicht gehaltenen, zweideutigen Andeutungen. Das erzeugt ein Gefühl von Macht und Stärke.
Ziel war es, ihn wissen zu lassen, was für ein begehrenswerter Mensch man ist und wie schade es für ihn sein muss, dass er uns letztendlich nicht bekommen kann. Da man in Wirklichkeit zu nichts bereit ist, gibt man der Phantasie unbegrenzt Futter, um das Opfer dann genussvoll, in seinem aufgeheizten Stadium, allein nach Hause zu schicken.
Dies reicht völlig aus, um für eine gewisse Zeit in einem Zustand von beseeltem Wohlbehagen zu schweben.
Der Höhenflug wird aber nicht anhalten. Denn letztendlich zeigt man nur, dass die bestehende Beziehung einem nichts bedeutet. Eigentlich hat man die Beziehung schon lange verlassen.

> **Treue und Intimität haben nicht mehrere Abstufungen.**
> **Es gibt sie nur ganz oder gar nicht.**

Flirten gehört heute zum guten Ton, zum alltäglichen Sport. Aber Flirten signalisiert, dass man an anderen interessiert ist. Flirten zielt auf Verführung ab, Flirten ist bereits ein Teil der Verführungskunst. Der erfolgreiche Flirt ist meist ein Vorspiel zur Sexualität, die Grenzen sind fließend.
Ein Flirt kann dabei alles sein, ein Blick, ein Lächeln, ein Augenauf-

schlag, ein scheinbar harmloses Gespräch. Es ist die Intention, die mehr daraus macht. Flirten soll jedenfalls Aufmerksamkeit auf einen lenken. Mit dem Flirt signalisiert man, dass man einem Kennenlernen, auch einem intimeren Kennenlernen, nicht abgeneigt wäre.

Was möchtest du? Flirten oder eine tiefe, wahrhaftige Liebesbeziehung?
Betrachten wir das Ganze eine Ebene tiefer, dann entdecken wir einen anderen, wahrscheinlich ursächlichen Gedanken, der noch immer tief in uns verwurzelt ist: »Es gibt vielleicht doch noch jemand besseren. Eigentlich bin ich noch immer auf der Suche. Eigentlich habe ich mich noch gar nicht entschieden.«
Auch wenn ein Flirt sich so wunderbar anfühlt und wir endlich das Gefühl haben, wieder wahrgenommen zu werden, zeigt er doch nur, dass wir nicht wirklich in der Beziehung sind.
Noch immer halten wir uns viele Optionen offen. In Wahrheit haben wir uns noch gar nicht richtig eingelassen oder sind bereits wieder auf dem Absprung. Unsere Partnerschaft war nur eine Testphase, ein kleiner Probelauf auf der Suche nach dem »Richtigen«. Der jetzige Partner scheint es jedenfalls nicht zu sein.
Partnerschaft ist für uns ein Warenhaus, dessen Regale immer voll sein müssen. Nun sind sie aber leer.
Unser Flirten macht jedenfalls deutlich, dass wir in der Beziehung nicht genügend von dem bekommen, was wir eigentlich gerne möchten. Sehnsüchte bleiben unerfüllt, Hoffnungen blieben auf der Strecke. Allein deshalb glauben wir genügend Gründe zu haben, ein bisschen ausbrechen zu dürfen.
Bringt ein Flirt dich näher an deinen Partner oder führt er dich von der Beziehung weg?

Der Flirt ist immer eine Form von Lüge.

Vor allem, wenn wir gebunden sind. Einem von beiden spielen wir etwas vor.
Anstatt unseren Charme und unseren Sexappeal in die Beziehung

einzubringen, versuchen wir von außen diese Art von Befriedigung zu erlangen.

Dabei ist es natürlich leicht, uns anfangs für attraktiv und begehrenswert zu halten. Jeder wird das tun, solange wir uns nur von unserer verführerischen Seite zeigen. Erinnere dich, dein Partner war anfangs auch von dir fasziniert. Aber in einer dauerhaften Beziehung kommen alle Anteile von uns zum Tragen, nicht nur die sinnlichen.

Flirten ist die Einstiegsdroge zum Seitensprung.

Auf Fremde, die nichts von uns wissen, nichts von uns kennen, nichts von unserem wahren Charakter ahnen, die unsere Schattenseiten nicht wahrnehmen, ist es leicht, betörend zu wirken. Vor allem, da es »nur« um Sex geht. Für diesen kurzfristigen Gewinn begeben wir uns bereits auf den Pfad der Trennung.

Das in der Beziehung aufgebaute Vertrauen und die Geborgenheit der Intimität wirft man für den flüchtigen Moment des Flirts weg. Was man dafür bekommen wird sind Eifersucht und Distanz.

Außerdem kann der Flirt eine seltsame Eigendynamik besitzen. Das großartige Gefühl wieder begehrenswert zu sein, beschwingt und lässt einen lebendig erscheinen. Man wird die Flüchtigkeit nicht erkennen, sondern sie stattdessen für die Wahrheit halten und vergleichend mit in seine alte Beziehung einbringen, die dem natürlich nicht Stand halten kann.

Wie zäh die eigene Beziehung zur Zeit ist, fällt einem jetzt natürlich wesentlich stärker auf. Denn ganz offensichtlich steckt die Partnerschaft in einer Krise, sonst würde man sich nicht zu einem Flirt hinreißen lassen.

Und später, zu Hause, in den Fängen der Alltäglichkeit, meldet sich der Verstand mit all seiner Phantasie. »Da war jemand, der meine Einzigartigkeit erkannt hat, das Besondere in mir, meine Kraft, meine Sinnlichkeit, meine wunderbare Seele. Dieser jemand hat alles in mir gesehen, alles, was meinem Partner schon lange nicht mehr auffällt. Wie wäre es nur gewesen, wenn ich weitergegangen wäre, wenn ich mit dieser anderen Person mit nach Hause gegangen wäre?«

Wir werden uns immer tiefer in diese Phantasien verstricken und immer weniger Interesse an der Realität haben. Die Realität aber ist unsere Beziehung, an der wir eigentlich arbeiten sollten. Doch davon sind wir nun weit entfernt.
Wir vergessen, dass unser Partner all das früher auch in uns gesehen hat. Aber im Laufe der Zeit bekam er auch andere Seiten von uns vorgesetzt.
Trotzdem hat unser Partner die Kraft, auch diese anderen Seiten von uns auszuhalten. Das allerdings wollen wir nicht anerkennen.
Genau genommen wollen wir es gar nicht sehen. Genau genommen wollen wir unsere eigenen »Schattenseiten« nicht anerkennen, wollen nicht wahrhaben, dass wir selbst ein Teil der Krise sind. Wir wollen nicht sehen, dass wir in Wahrheit vor uns selber davon laufen.

Wer vor sich selber davonläuft, läuft ins Leere.

So mancher Seitensprung beginnt mit einem scheinbar harmlosen Flirt.
Denn um erneut dieses Gefühl von grenzenloser Bewunderung zu bekommen, wird man beim nächsten Mal ein kleines Stückchen weiter gehen. Auch weiter weg von seiner Beziehung, die nun natürlich immer schwieriger werden wird.
Die Bedenken werden immer kleiner, der Sog des Kitzels immer größer.

Glücksregel 19

Treue ist dein wichtigstes Kapital

Der ganz normale Seitensprung

Ein Seitensprung ist nur eine Variante des Weggehens. Er ermöglicht es uns, keine Nähe zuzulassen.

Damit wir Nähe nicht zulassen müssen, benötigen wir Dramen. Da kommt uns der Seitensprung sehr gelegen. Dabei bricht man unbemerkt Vereinbarungen, nimmt andere Menschen in Besitz, verheimlicht die Wahrheit, stürzt die Menschen, die einem am nächsten sind mitsamt Kindern, ins Chaos, zieht auch völlig Unbekannte mit in den Ruin und will gleichzeitig die Würde behalten.

Wie soll das gehen?

Wider besseres Wissen baut man sich ein Weltbild, das sich nicht mehr an emotionaler Tiefe, sondern nur noch am Trieb und an der Lust orientiert.

> **Glauben wir wirklich,**
> **dass wir durch Betrügen glücklich werden können?**

Ein Seitensprung erschafft so tiefgreifende Verletzungen – und zwar für alle Beteiligten – dass das Glück in weite Ferne rückt.

Trotzdem halten sich hartnäckig zwei Behauptungen, wieso ein Seitensprung der festen Beziehung zugute kommen soll.

Scheinbare Vorteile und die tatsächlichen Konsequenzen

Behauptung Nummer Eins: »*Die Partnerschaft blüht nach einem Seitensprung wieder auf.*«

Wenn der Partner in seinem ersten Entsetzen nicht alles zerstören will, sondern zu retten versucht, was noch zu retten ist, wird die Beziehung durch einen Seitensprung wahrscheinlich wirklich anfänglich stimuliert. Aber nicht aus Liebe. Sondern weil der Partner unter Schock gesetzt wurde. Aus der Verlustangst heraus wird er alles versuchen, um den anderen wieder zurückzugewinnen. Er wird ihn umgarnen, ihm Aufmerksamkeit schenken und versuchen, einen ebenso phantastischen Liebhaber wie sein Nebenbuhler abzugeben.

Verwechsle es niemals mit Liebe.

Hinter allem stehen Panik und tiefe Verlustangst. Und das Wissen, dass er nicht genügt hat. Hätte er genügt, hätten wir doch niemand anderes in unser Bett gelassen. Er fühlt sich jedenfalls minderwertig und versucht es mit Überdruck auszugleichen. Natürlich wird er nie mit dem Neuen mithalten können. Das weiß er und diese Verletzung sitzt tief. Was hat er überhaupt noch zu bieten? Das euphorisierende Gefühl der Verliebtheit gewinnt immer haushoch im Vergleich mit Altem, Vertrautem.
Man sollte aber nicht vergessen, dass der Rausch des lustvollen Balzverhaltens auch einen selbst anders sein lässt. Beim Geliebten gibt man sich neu und unverbraucht und nicht so wie zu Hause. Die Schattenseiten werden dort nicht gezeigt, die kennt nur der eigene Partner, der einen trotz allem noch immer behalten will.
Und weil er uns nicht verlieren möchte, wird er natürlich »stimuliert« sein. Aber was für eine Motivation ist das denn? Aller Sicherheiten beraubt, knallhart in die Ecke gedrängt, völlig verloren im freien Fall, muss er nicht nur gute Miene zu dem betrügerischen Spiel seines Partners machen, sondern auch noch größte Verliebtheit demonstrieren. Obwohl der Partner, im Rausch des einzigartigen Gefühls begehrenswert, umkämpft und umworben zu sein, alle getroffenen Vereinbarungen über Bord geworfen hat.

Wenn der Schock wieder nachlässt – ganz verschwinden wird er nie – und scheinbare Normalität in der Beziehung eingekehrt ist, wird diese »Verliebtheit« ebenfalls wieder nachlassen. Was bleibt, ist das tiefe Gefühl verraten worden zu sein. Jetzt weiß er, was er von uns zu halten hat.

> Der Partner, den du angeblich liebst,
> ist für dich in Wahrheit ganz schnell austauschbar.

Selbst wenn man sich wieder zusammengerauft hat, traut uns der andere nicht mehr so schnell. Vor allem ist schwer einzusehen, dass wir das ganze Vergnügen gehabt haben sollen und er nur die Panik. Die Partnerschaft ist jedenfalls nun im Ungleichgewicht.

Falls man aber lieber die vielgerühmte Variante des absoluten Stillschweigens wählt, wird sich trotzdem so einiges in der Beziehung verändern.
Auch wenn man es noch so raffiniert anstellt, der Partner spürt intuitiv, dass man sich langsam entfernt. Wenn er uns liebt und uns behalten will, wird er sich wieder um uns bemühen. Das ist sicherlich etwas, was uns gefällt, denn nun haben wir zwei Menschen in unserem Leben, die um unsere Gunst buhlen.
Das ist der Moment, in dem man sich so richtig bestätigt fühlt in seinem betrügerischen Tun. Man glaubt tatsächlich, der Seitensprung hilft der Partnerschaft. In Wahrheit hat man keine wirkliche Partnerschaft, sondern nur ein Lügengebilde aufgebaut. Man benutzt die Menschen um sich herum nur für seine Bedürfnisse. Vor allem seinen Partner, den man vorgibt zu lieben und dem man gleichzeitig geschickt seinen eigenen wahren Charakter vorenthält.
Warum ist man überhaupt in einer »Liebesbeziehung«, wenn man den Menschen, mit dem man sein Leben teilt, belügt und betrügt?
Wie würdest du dich fühlen, wenn dir Gleiches geschehen würde?

Behauptung Nummer Zwei: »*Ich nehme ihm ja nichts weg.*«
Doch, das tun wir.
Bei einem Seitensprung muss man nämlich so viele Gefühle vor dem Partner geheim halten, dass man nicht mehr zur Gänze an der Beziehung teilnehmen kann. Man entzieht sich. Man geht nicht mehr offen und ehrlich mit seinem Partner um.
Am stärksten aber trifft beide der stillschweigende Vertrauensbruch.

Das Vortäuschen falscher Tatsachen trennt stärker als man ahnt. Denn man belügt denjenigen, der einen so nah wie niemanden anderes an sich heranlässt, der einem größtes Vertrauen entgegen bringt. Man legt sich neben ihn, wiegt ihn in Sicherheit, benutzt seine Hingabe und bestiehlt seine Intimität.

Wenn die Wahrheit ans Licht kommt, wird unser Partner nie wieder so frei, naiv und unschuldig sein. Weder mit uns noch mit einem künftigen Partner. Jegliche Form von Hingabe wird künftig schwer oder fast gänzlich unmöglich sein.
Der stillschweigende Betrug hinterlässt tiefe Wunden. Bezahlen muss dies vor allem unser Partner. Und zwar mit Vertrauensverlust. Und nicht nur heute und morgen, sondern ein Leben lang.
Dass er sich erneut mit aller Hingabe einlassen kann, wird nicht mehr sehr wahrscheinlich sein.

Es ist ähnlich wie bei Kindern. Anfangs berühren sie uns durch ihre Naivität und Unschuld, aber durch all die Verletzungen, die sie im Laufe der Zeit mit auf den Weg bekommen, werden sie immer vorsichtiger und gerissener. Auf die gleiche Weise wird auch bei unserem Partner diese Unschuld und Bereitschaft zur Hingabe zerstört. Und zwar für immer!

Darüber hinaus nimmt man dem Partner seine Einzigartigkeit. Er ist austauschbar geworden. Man hat ihn zu einem Konsumartikel degradiert. Funktioniert er nicht so, wie es den eigenen Wünschen entspricht, wird eine andere Packung aus dem Regal genommen. Auf diese Weise entzieht man dem Partner jede Form von Achtung.
Außerdem nehmen wir ihm die Möglichkeit, die Sexualität mit uns auszuleben. Dieses tief bindende Gefühl erleben wir heimlich mit jemand anderem. Damit bringen wir den Partner um die Chance, alte Verletzungen und Muster, die in seiner Sexualität liegen, mit uns zu heilen und zu transformieren. Dafür sind Vertrauen und Hingabe notwendig. Dieses Vertrauen brachte uns der Partner entgegen. Diese Chance zu heilen nehmen wir ihm und uns.

Der Verlust an Intimität, der durch den heimlichen Seitensprung entsteht, schafft eine immer größer werdende Distanz. Tiefe in der Sexualität zu erleben, wird damit immer schwerer werden. Die Qualität der Beziehung stirbt zusehends.

Letztendlich verliert die Beziehung das Beste: die Leichtigkeit, das Verspielte, die Unschuld und das gegenseitige Vertrauen. Jegliche Form von Sicherheit, Geborgenheit und Zuflucht wird stillschweigend aufgekündigt. Der Partner weiß es nur noch nicht. Aber er wird es merken, und zwar zu dem Zeitpunkt, der von uns bestimmt werden wird.

In der Zwischenzeit sammelt man bereits Material für die künftige Trennung, um es gegen seinen Partner zu verwenden. Man entzieht der Beziehung regelrecht die Kraft und nimmt sich und dem Partner die Möglichkeit, in der Beziehung zu reifen, zu heilen und zu wachsen. Hinzu kommt, dass man seinen Partner nun, da er für einen nicht mehr der einzig Mögliche ist, permanent vergleichen wird.

> **Im steten Vergleich liegt die größte Unzufriedenheit.**

In unseren Augen hat die Partnerschaft nichts Einzigartiges mehr. Sie ist austauschbar geworden. Unser Partner steht, ohne dass er es weiß, auf unserem ganz persönlichen Prüfstand, im knallharten Vergleich mit dem (der) anderen, während wir konsumorientiert, nach Befriedigung der Bedürfnisse strebend, nicht mehr wissen, wo wir eigentlich hingehören.

Die schlimmste Strafe ist, einen Partner zu haben, auf den kein Verlass ist. Bist du so ein Partner?

Wieso kommt unsere Beziehung überhaupt an diesen Punkt?

Jede Beziehung verläuft ähnlich. Bei dir wird es nicht anders gewesen sein. Es beginnt meistens mit einer atemberaubenden Verliebtheit, dem Sog der körperlichen Attraktivität und natürlich Sex, Sex, Sex bis zum Abwinken. Doch dann, fast schleichend, kommt ein

bisschen Alltag hinzu, das Neue wird schließlich immer gewöhnlicher und die ersten Ernüchterungen stellen sich ein. Natürlich lässt auch die Spannung in der Sexualität nach. Vor allem dann, wenn du heute schon weißt, wo und wie du in zwei Wochen wieder Sex haben wirst, sind ekstatische Höhenflüge eben nicht zu erwarten. Irgendwann ist vieles langweilig. Die ersten Mängel fallen auf und man wundert sich, dass man sie nicht bereits früher bemerkt hat. Immer öfter ist man genervt, will vorwiegend nur noch Recht haben und verteidigt sein eigenes Terrain. Was meistens folgt, ist die Verweigerung von Zuneigung, und erstaunt stellt man fest, dass es irgendwann schließlich auch keinen Sex mehr gibt, sondern nur noch Kampf. Manchmal bis aufs Blut. Die Schuldzuweisungen nehmen zu, die gegenseitigen Verletzungen ebenfalls. Bis es dann fast überhaupt nur noch Streit gibt. Und schließlich steckt man in der unüberwindlich tiefen Krise.
Jede Beziehung läuft so. Deine ist da keine Ausnahme.
Das wird auch mit deinem nächsten Partner so sein, ein Partnerwechsel bringt also nur einen kurzzeitigen Vorteil, bei einem Seitensprung ist es noch schwieriger und vielschichtiger.

Krisen sind dazu da, sie zu meistern.

Die Aufgabe besteht nun darin, größer als die Krise zu sein. Erst hinter der Krise warten die ersehnte Tiefe, das Vertrauen und letztendlich auch Geborgenheit.
Mit einer heimlichen Affäre bringen wir allerdings uns selbst und unseren Partner um die Chance, an der Beziehung zu arbeiten, sie zu vertiefen und an Zeiten anzuknüpfen, in denen wir einmal glücklich waren.
Weswegen seid ihr zusammengekommen? Wieso habt ihr euch unter Millionen von Menschen gefunden und erkannt? Was habt ihr euch ausgesucht? Es gibt eine gemeinsame Lebensaufgabe. Auch wenn du sie nicht annehmen möchtest.
Zu Beginn der Partnerschaft seid ihr nicht davon ausgegangen, euch gegenseitig zu betrügen. Dies war nicht eure Abmachung. Ihr habt

euch gegenseitig vertraut und auf diesem Vertrauen eine Beziehung aufgebaut. Dieses Vertrauen war eure Basis. Es gab eine Vereinbarung, die euch beiden Sicherheit und Kraft gab.

Wenn wir nun glauben, die Vereinbarung nicht mehr einhalten zu können, ist das in Ordnung. Niemand kann uns zwingen etwas zu tun, was wir nicht möchten. Aber wir müssen über unsere Absichten mit unserem Partner sprechen, damit er Bescheid weiß.

Tun wir es nicht, gilt unser Wort nichts mehr. Auf uns kann man sich dann nicht verlassen. Uns ist dann nicht mehr zu trauen.

Wer betrügt, betrügt sich nur selbst.

Das, was man selber tut, traut man anderen erst recht zu. In diesem Fall bedeutet das, dass man sicherlich ebenfalls abgeschoben wird, sobald man nicht mehr aufregend genug für die Bedürfnisse seines Partners ist. Was man also anderen antut, tut man in einem noch viel selbstzerstörerischen Sinne sich selber an. Man entzieht sich, und damit letztlich auch all seinen künftigen Beziehungen, die Achtung und Würde. Das, wonach man sich sehnt, die Tiefe, Nähe und Geborgenheit, wird man nicht mehr erleben, weil man es künftig, aus Furcht selbst fallengelassen zu werden, nicht mehr soweit kommen lassen wird. Man wird doch nicht in seine eigene Falle laufen. Man wird sich bestimmt nicht mehr vollständig hingeben. Im Gegenteil, die eigenen Ängste werden es zu verhindern wissen. Je geschickter man den Vertrauensbruch begangen hat, desto mehr Raffinesse traut man auch seinem Partner diesbezüglich zu. Diese Vorgänge laufen meist wesentlich unbewusster ab, als einem lieb sein kann.

Manchmal äußert sich dies in Eifersucht, in Misstrauen, Minderwertigkeitsgefühlen oder Gefühlskälte. Interessanterweise ist man meistens nicht einmal in der Lage, seinen eigenen Anteil an dem Ganzen zu erkennen.

Es ist also völlig egal, ob in dieser oder in der nächsten Partnerschaft – tief in uns wird etwas darauf warten, dass unser Partner uns ebenfalls hintergeht. Hingabe wäre da natürlich absolut töricht. Wahrscheinlich werden wir dem anderen sogar, aus Furcht verlassen zu werden, zuvorkommen wollen.

Eine weitere Folge davon wird sein, dass auch unser nächster Partner uns nicht mehr trauen wird. Er weiß, wozu wir fähig sind. Er weiß schließlich, wie es seinem Vorgänger ergangen ist. Er weiß, wenn er nicht funktioniert, sind wir sofort beim Nächsten. Unsere künftigen Beziehungen werden also vielleicht amüsant und unterhaltsam werden, aber niemals in wirkliche Tiefen gehen.

Varianten ins Chaos: Weitere Konsequenzen

Geht man eine heimliche Liaison ein, so hat man auf den ersten Blick scheinbar zwei Beziehungen. Eine, die sich auf die körperliche Ebene bezieht und eine für die seelische Ebene. Für die Letztere soll der feste Partner verantwortlich sein.
Aber geht das überhaupt?
Nun, von der Illusion einer wahren und tiefen Liebesbeziehung mit seinem festen Partner muss man sich erst einmal verabschieden. Dafür entstehen zuviel Distanz und Intimitätsverlust.
Aber auch der »körperliche« Partner ist nur ein Wunschtraum.
Wie wir wissen, bedeutet »miteinander schlafen« in Wirklichkeit nämlich nicht nur körperliche Lust ausleben, sondern – auf der archaischen Ebene – auch in Besitz nehmen. Der Mann nimmt die Frau zur Frau, die Frau nimmt den Mann zum Mann. Ob wir es wollen oder nicht, es entsteht dabei immer eine tiefere Bindung. Diese Bindung lässt sich nicht mehr wirklich auflösen. Fortan gehören wir auch noch jemand anderem.
Wir können es romantisieren wie wir wollen, herabwürdigen oder alltagstauglich gestalten: sich mit einem anderen Menschen zu vereinigen bedeutet, diesen anderen Menschen zu seinem Partner zu nehmen.
Das ist auch heute, in unserer modernen Welt noch so. Das ist auch beim heimlichen Sex, beim Seitensprung so. Daher wird es immer

tiefgreifende Veränderungen geben, so sehr man es auch herunterspielen möchte.

Beim heimlichen Sex, nimmst du einen zweiten Menschen in Besitz, ohne deinen Partner davon zu unterrichten.

War das sexuelle Abenteuer überragend, so wird man immer diesem außergewöhnlichen Erlebnis nachhängen. Die Phantasie und die Sehnsucht danach werden zunehmen. Besonders wenn man es nicht mehr haben kann. Der Gedanke an den prickelnden Reiz, an das sinnliche Vergnügen des Verbotenen, verstärkt durch die bindende Kraft eines Geheimnisses wird einen nicht mehr loslassen.

Man hängt oft diesen Sehnsüchten nach dem neuen, unerforschten Partner so intensiv nach, dass dieser Anteil nun komplett aus der Beziehung ausgeklammert wird. Die Sexualität gehört nicht mehr in die Beziehung. Nicht mehr dem eigenen Partner, der nun noch mehr an Attraktivität eingebüßt hat. Man gehört bereits jemand anderem, ohne dass der feste Partner davon eine Ahnung hat.

War das sexuelle Abenteuer allerdings enttäuschend, werden die Schuldgefühle sicherlich überwiegen. Man wird sich minderwertig vorkommen, schmutzig, unwürdig und noch unzufriedener sein als zuvor. Man wird nichts Schönes mehr an sich finden und sich immer kleiner fühlen.

Einerseits wird man dem Partner die Schuld für die eigene Unwürdigkeit, in die man gedrängt worden ist, zuschieben. Denn wäre der Partner anders, und zwar so, wie man ihn gerne hätte, wäre es nicht zu diesem erniedrigenden Seitensprung gekommen.

Auf der anderen Seite hat man, ohne die erhoffte sexuelle Erfüllung bekommen zu haben, die eigene Partnerschaft der Nähe und Tiefe beraubt. Man sitzt also noch tiefer in dem Loch, in dem man schon vorher gesessen hat. Die Lage ist hoffnungsloser geworden, weil man sich zusätzlich zu aller Unzufriedenheit nun auch noch schuldig fühlt. Die Partnerschaft ist in eine weitere Schieflage geraten. Die schwersten Prüfungen stehen noch bevor.

Wenn der Seitensprung Folgen hat

Das bedeutet, viele Affären bleiben nicht ohne Folgen. Interessanterweise hat man herausgefunden, dass manche Frauen es sogar ganz bewusst darauf anlegen. Denn ein großer, starker, kräftiger, gesunder und vor allem potenter Mann verspricht einen gesunden Nachwuchs. Der Nachteil an dieser Art von Mann ist, dass er nicht wirklich treu ist und für das Aufziehen der Kinder nicht in Frage kommt.

> Jedes zehnte Kind ist ein Kuckucksei.

Für das Aufziehen der Kinder hat deshalb der Betrogene zu sorgen. Natürlich darf er davon nichts wissen, sonst würde das so schlau eingefädelte »Geschäft« nicht klappen. Wie groß das Misstrauen der Väter inzwischen ist, zeigt sich daran, wie gewaltig die Nachfrage nach dem genetischen Vaterschaftstest geworden ist. Experten schätzen, dass jedes zehnte Kind ein Kuckucksei ist. Immerhin leben rund eine Million Kinder in Deutschland, die nicht vom vermeintlichen Vater stammen. Vierzigtausend solcher Kinder kommen bei uns pro Jahr auf die Welt.
Welche Dramen und Verletzungen damit einhergehen, kann man sich kaum vorstellen.

> Früher oder später wird einem Kind
> der »Vater« weggenommen.

Und Männern wird der Lebensmittelpunkt geraubt. Ganz zu schweigen von den rechtlichen Konsequenzen. Und alles nur wegen einem Seitensprung mit Folgen. Ein Leben aufgebaut auf Betrug und Verrat. Tiefer kann man einen Menschen nicht mehr treffen. Und zwar den Menschen, den man liebt.

Ein Dreiecksverhältnis betrifft selten nur drei

Ein Seitensprung fühlt sich vielleicht anfangs sehr leicht und fließend an, aber in Wirklichkeit passieren sehr tiefgreifende Dinge.

Und zwar nicht nur mit einem selber, seinem Partner und dem Geliebten.
Bei einem Seitensprung sind selten nur drei beteiligt: Manchmal hat der Geliebte auch einen Partner, dann ist man schon zu viert.
Vielleicht hat man selber auch noch Kinder, Schwiegereltern oder Freunde, die einen als Vorbild nehmen, die sich an einem orientieren.
Vielleicht hat der Geliebte ebenfalls Familie und Kinder, die nun plötzlich um ihre Existenz bangen müssen.
Ein Seitensprung erzeugt immer tiefe Dramen. Menschen werden unter Schock gesetzt und sind künftig mit uns und unserer Geschichte heillos verwoben. Man greift in bestehende Bindungen ein und verändert gewachsenes Leben traumatisch, ohne wirklich Verantwortung dafür übernehmen zu wollen. Mit im Schlepptau sind jedenfalls mehr Menschen, als man manchmal wahrhaben will.

Wenn Trennung unvermeidlich ist

Trennung lässt sich manchmal nicht vermeiden. Auch wenn es schmerzt und alle Beteiligten tief trifft, kann man sie mit Anstand und Würde vollziehen.

> **Die Form der Trennung sagt sehr viel über deine wahre Charakterbildung aus.**

Wenn man glaubt, dass man in seiner Beziehung nicht wachsen kann und dass man sich in der eigenen Entwicklung nur noch behindert; wenn man meint, unbedingt etwas anderes erleben zu müssen und sich daher entscheidet, die Partnerschaft zu verlassen; wenn man im tiefsten Herzen davon überzeugt ist, dass dies der richtige Weg für sich und seinen Partner ist, so beendet man diese Beziehung.
Aber dann sollte man es mit allen Konsequenzen tun. Bewusst und klar. Man sollte seinen Partner informieren, dass man sämtliche Vereinbarungen aufkündigt und sich von dieser Partnerschaft lösen möchte.

> **Lebe erst einmal eine Weile alleine.**

Finde heraus, was deine wirklichen Bedürfnisse sind und was du brauchst. Heile deine Wunden und werde dir darüber klar, was diesmal schief gelaufen ist, bevor du dich mit der gleichen Unfähigkeit auf den nächsten Partner stürzt. Vollziehe eine Trennung mit Würde und Verantwortung. Die Menschen, die dich lieben, haben wenigstens eine würdevolle Trennung verdient.

Ein Seitensprung jedenfalls ist sicherlich immer die falsche Weise eine Trennung herbeizuführen.
Noch schlimmer für alle Beteiligten ist es aber, so zu tun, als wäre man noch in der Beziehung, während man heimlich eine andere aufbaut. Egal, ob ein One-Night-Stand oder eine lang anhaltende, heimliche Liebschaft, man trennt sich vom Partner, ohne dass der davon etwas mitbekommt.
So konsumieren wir gleich zwei Menschen. So lange, bis wir uns vielleicht eines Tages endlich sicher sind, was wir eigentlich wollen. Falls man uns nicht vorher auf die Schliche kommt. Diese Art der Trennung zeigt eine ziemliche Verachtung für den Partner.
Bereits einen Ersatz in der Hinterhand zu haben, ist aber nicht nur für den Partner beschämend, sondern vor allem für einen selbst. Denn ohne jegliche Verantwortung wandert man von einer Partnerschaft in die nächste, wobei man einen dritten Menschen benötigt, der einem die Trennung erleichtern und einen aus dieser Beziehung herausholen soll.
Das Einzige, was in diesem Moment zählt, sind Lust und Konsum.
Die neue Partnerschaft hat jedenfalls gleich zu Beginn Schuld auf sich geladen. Man lebt das neue Glück auf Kosten des Ex-Partners aus, der vielleicht nun allein oder sogar mit einem Kind zurückgeblieben ist. Und das hat Konsequenzen, wie wir noch sehen werden.
Ein Mensch jedenfalls, der voll verantwortlich handelt, wird niemals in eine bestehende Beziehung eingreifen. Genau das aber hat der neue Partner getan. Was glaubt man wohl, wie sich diese Beziehung entwickeln wird?
Also, wenn du dir sicher bist, dass du dich trennen willst, so habe den Mut zur Aufrichtigkeit. Sei dir selbst und deinem Partner

gegenüber aufrichtig. Eine klare Trennung hinterlässt am wenigsten Anhaftungen und bietet für dich die beste Ausgangsbasis für deine nachfolgende Beziehung.

Glücksregel 20

Mit dem Ende einer Affäre beginnt die Beziehungsarbeit

Es ist nichts mehr rückgängig zu machen. Auch wenn man das gerne möchte. Die Beziehung ist nicht mehr unschuldig. Wahrscheinlich hat sie auch an Leichtigkeit eingebüßt. Auch das Spielerische, Kindliche und Naive scheint für lange Zeit verloren. Mit Sicherheit hat die Beziehung auch an Innigkeit verloren, aber sie verliert nicht an Liebe. Liebe kann sich nicht verlieren. Niemals. Im Gegenteil.

Überstandene Krisen stärken die Liebe.

Natürlich ist in der Beziehung etwas gestorben, aber aus der Krise heraus kann auch etwas Neues entstehen. Die Beziehung kann nämlich nun etwas sehr Wesentliches gewinnen. Sie hat jetzt die Chance erwachsen zu werden. Wenn beide das noch wollen. Sie kann an Größe gewinnen und eine völlig andere Qualität erhalten. Wenn man will, kann man jetzt die Partnerschaft auf eine andere Ebene heben.
Natürlich ist es schwer, weil man verzeihen muss. Natürlich ist es schwer, weil man verletzt ist. Aber betrachte es genau: *Du* bist verletzt, dein Ego ist gekränkt, aber nicht deine Liebe.

Mit dem Verlust der Verliebtheit ist nämlich auch die Verblendung verschwunden. Wir sehen den Partner nun so, wie er wirklich ist, wie er eigentlich schon immer war. Wir sind nun gezwungen, auch seine Mängel anzuerkennen. Wir bestehen nicht länger auf einer – nämlich unserer – vorgetäuschten Wahrheit. Indem sich zwei Menschen gegenseitig erkennen, können sich beide auch endlich in ihrer Wahrhaftigkeit zeigen. Und das erzeugt Nähe und Tiefe.

Wenn wir uns in Wahrheit austauschen, entstehen meistens Verständnis und Nähe. Die Beziehung kann nun freier und gelöster geführt werden.
Aber nur, wenn wir es auch wollen!

Du hast Wunden davon getragen, ohne dass die Narben verheilt wären. Wenn du jetzt weggehst, nimmst du diese Wunden mit und wirst sie in die nächste Beziehung einbringen. Wenn du jetzt weggehst, gibt es nur Verlierer.

> **Nicht zu vergeben heißt, die Wut und den Groll und die Verletzung zu behalten.**

Du weißt das. Und das schmerzt noch mehr.
Irgendwann werden wir sie nämlich wieder loswerden wollen. Vergeben hat also in erster Linie etwas mit uns zu tun und damit, wie erwachsen wir eine Beziehung führen wollen.
Jetzt haben wir die beste Gelegenheit dazu. Jetzt können wir herausfinden, zu welcher Größe wir wirklich fähig sind.
Aber nur, wenn wir unseren Partner aus seiner Schuld entlassen.
Dafür müssen wir anerkennen, dass nicht nur er, sondern beide für die ganze Sache Verantwortung tragen. Das ist nicht immer leicht, trotzdem ist es so. Denn nur wenn beide die Mängel und Probleme in der Partnerschaft beheben wollen, hat es Sinn die Partnerschaft weiterzuführen. Dazu müssen aber beide erkennen, welche Mängel in der Beziehung vorhanden waren oder noch sind. Was war die Ursache für den Seitensprung? Welche Sehnsüchte, welche Hoffnungen blieben unerfüllt? Gab es Tabus oder Verletzungen?

Eine dritte Person kann immer nur in eine Beziehung eindringen, wenn sie nicht intakt ist.
Deshalb ist es so wichtig, dass auch der „Betrogene" seinen Anteil an der ganzen Angelegenheit akzeptiert und die Beziehung wieder auf ein starkes Fundament setzt.

Phönix aus der Asche

Unser Partner hat uns betrogen. Wir fühlen uns verletzt und verraten. Und dennoch ist es genau das, was wir uns ausgesucht haben. Wir haben diesen Partner gewählt, um genau diese schmerzliche Erfahrung zu machen. Wir haben es bis zu diesem Punkt getrieben, um uns wieder an etwas zu erinnern. Selbst wenn es noch so quälend ist, es ist ein Gefühl, das uns vertraut ist, ein Gefühl, das wir kennen müssen.

Diese Wunden sind älter als deine Beziehung.

Sie stammen vielleicht aus der Kindheit, der Jugend oder den ersten Partnerschaften. Dieses Thema wird es immer wieder in unserem Leben gegeben haben, und wenn man jetzt nichts unternimmt, wird es dieses Thema auch weiterhin in unserem Leben geben. So oft man den Partner auch wechseln mag. Die Wahrheit ist sogar: Wenn man den Partner jetzt wechselt, weicht man diesem Thema nur wieder einmal aus, ohne es zu lösen. Hinter all dieser Ohnmacht und Verletztheit liegt nämlich auch unsere größte Chance, alte Wunden aus längst vergangenen Tagen endlich heilen zu können.

Krisen helfen, Beziehungen zu transformieren.

Schuldgefühle und Vorwürfe sind dafür jedoch das falsche Fundament. Im Gegenteil, meistens ist sogar der Betrogene derjenige, der die Zwietracht in die Beziehung trägt und sie nachhaltig schädigt. Weil er, auch nach Jahren, nicht loslassen kann und noch immer an alten Verfehlungen festhält. Er will eine Veränderung nicht zulassen und hält den Partner noch immer in der alten Schuld. Damit lässt er aber eine Transformation der Beziehung nicht zu. Die Beziehung stagniert und verliert an Lebensqualität. Und der Partner, der ja weiterhin in seiner tiefen Schuld gehalten wird, kann genausogut erneut betrügen. Eigentlich wird es von ihm sogar erwartet, denn das würde die Einstellung des »Opfers« bestätigen.

Wenn dein Partner dich betrogen hat, ist Betrug sicherlich auch *dein* Thema in deinem Leben. Dann suche den wahren Ursprung.

Es wird nicht leicht. Sicherlich nicht. Das Ende einer Affäre ist immer erst der Beginn der Beziehungsarbeit. Eifersucht, Verlustangst, Minderwertigkeitsgefühle und fehlendes Vertrauen werden hochkommen, wenn sich der erste Schock gelegt hat.
Nichts ist mehr so, wie es war. Natürlich nicht. Aber wenn man jetzt zu seiner Verletztheit steht und sie gemeinsam mit seinem Partner aushält, hat man die Möglichkeit, diese Wunden zu heilen. Für immer. Für jetzt und für alle Zeiten. Man heilt sich und seine Vergangenheit und erfüllt sein Leben mit neuen, positiven Werten.
Auch der Partner hat die Möglichkeit, Wunden zu heilen. Vergiss nicht, ein Seitensprung ist auch eine der größten Verletzungen, die man sich selber zufügen kann.
Wenn der Partner aber wirklich sieht, in welches Chaos er alle Beteiligten, sich eingeschlossen, gestürzt hat und seine Liebe zu uns wieder entdeckt – verloren war sie in Wirklichkeit nie –, werden beide eine tiefe vertrauensvolle Beziehung führen können.

> Die Liebe ist immer da,
> sie wird nur manchmal verdeckt durch anderes.

Manchmal muss man sie einfach wieder ausgraben. Manchmal hat sich ein ganzer berg von Seelenmüll und Verletzungen darüber gelegt. Ausgraben ist anstrengend. Vielleicht bist du gerade mittendrin.
Wenn der Partner jetzt erkennen darf, dass ein Fehler nicht die Kraft hat alles zu zerstören, weil die Liebe ein gewaltiges Band ist, welches eben nicht nur bindet, sondern auch auffängt, und das nicht so leicht zerreißen kann, werden die tiefe Verbundenheit und das Vertrauen in die Partnerschaft zurückkehren. Und sogar zunehmen.
Vergeben bedeutet nämlich:

> Auch du darfst Fehler machen,
> ohne gleich verstoßen zu werden.

Es wird nicht leicht. Aber das Ziel ist erstrebenswerter als eine neue Partnerschaft zu beginnen. Wieder von vorne. Und wieder bis zu diesem Punkt.

Glücksregel 21

Gib deiner Partnerschaft einen tieferen Sinn

Der Grundfehler in vielen Partnerschaften ist, dass wir annehmen, Beziehungen hätten ausschließlich mit Freude, Lust, Spaß oder vergnüglichem Zeitvertreib zu tun. Wäre dies wirklich der einzige Sinn und Wert einer Beziehung, würde sie sich unglaublich schnell erschöpfen. Und genau genommen geschieht dies auch in vielen Fällen. Denn oft ist dies tatsächlich der einzige Wert, den viele Menschen einer Beziehung beimessen.
Ohne Tiefe aber bleibt die Partnerschaft immer oberflächlich. Man wird dann immer an Äußerlichkeiten kleben bleiben und, ohne zu wissen warum, den Mangel an Tiefe beklagen. Man wird sich beschweren, dass der Partner keine Nähe und vor allem keine Hingabe zulässt. Dabei sind wir es, die es nicht schaffen, der Partnerschaft einen wesentlichen Sinn zu verleihen. Sie wird dann nicht erfüllt sein. Und wir werden daraufhin sehr schnell nach einem anderen Sinn in unserem Leben Ausschau halten. Außerhalb unserer Beziehung. Denn eins ist offenkundig: Wir wollen nicht sinnlos in unserem Leben herumstolpern. Aber genau das machen wir, wenn wir unserer Partnerschaft keinen tieferen Sinn verleihen. Sie wird sich schnell verbrauchen und irgendwann schal werden. Dann tappen wir nur noch gelangweilt von Tag zu Tag und fühlen uns immer leerer und hohler und wünschen uns, wir wären in einer anderen, »erfüllten« Beziehung.
Der tiefere Sinn in einer Partnerschaft ist eben das Einzige, was eine Beziehung dauerhaft antreibt und sie kraftvoll über jede Klippe führt. Er ist der eigentliche Motor, dessen Energie niemals nachlässt. Er ist das Geheimnis, das zwei Partner aneinander bindet und auch in kritischen Tagen erfüllt sein lässt.
Die Sehnsucht, die Beziehung zu etwas Besonderem werden zu lassen,

sie zu einem einzigartigen Schöpfungsakt zu machen, ist bei allen vorhanden. Wie aber gibt man seiner Partnerschaft diesen tieferen Sinn?

Der tiefe Sinn ist bereits in deiner Beziehung.

Das war er immer schon. Sonst wären wir gar nicht erst zusammen gekommen. Wir müssen ihn nur wiederfinden. Doch das können nur wir. Niemand sonst. Es ist unser Leben, unsere Beziehung und unser ganz persönlicher Lebensplan.

Der tiefe Sinn liegt also bereits in unserer Beziehung. Aber um ihn auch leben zu können und damit die Beziehung nicht sinnlos wird, müssen wir ihn erst einmal herausfinden.
Wie schaffen wir es nun, unseren ganz persönlichen, tiefen Sinn in unserer Beziehung aufzuspüren?
Wie fast immer im Leben, über Fragen.

Ohne tieferen Sinn ist deine Partnerschaft austauschbar.
Vor allem bist du austauschbar.

Finde heraus, weswegen deine Beziehung besteht und warum sie weiter bestehen sollte. Versuche den nachfolgenden Fragen auf den Grund zu gehen. Suche keine schnellen Antworten.
Reflektiere über die Fragen. Immer und immer wieder. Auf diese Weise wird sich der tiefere Sinn der Partnerschaft herauskristallisieren. Denn indem wir uns mit den Fragen beschäftigen, tauchen wir immer tiefer in unsere Aufgabe ein.
In jeder Frage könnte sich der ganz persönliche, tiefere Sinn verstecken.
Warum ist dein Partner mit dir zusammen?
Was gewinnt er daraus?
Was macht ihn größer?
Was macht ihn stärker?
Auf welche Ebene wird er durch dich gehoben?

Wie machst du ihn frei? Und nicht abhängig!
In welcher Hinsicht kann dein Partner an deiner Seite reifen?
Was könntest du mit anderen so nie erleben?
Warum sollte deine Beziehung weiter bestehen?

Grenze die Antworten nicht zu stark ein. Denk auch an größere Zusammenhänge. Vielleicht ist der Zweck eures Zusammenseins zum Beispiel Heilung. Alte Wunden deines Partners zu heilen. Oder dir helfen zu lassen, dich zu heilen. Vielleicht ist der Zweck, dich mit alten Kindheitsmustern auszusöhnen. Oder mit der Familie. Vielleicht ist der Zweck, euch gegenseitig in eurer Entwicklung zu unterstützen. Oder vielleicht neues Leben zu schaffen und Kinder zu bekommen? Vielleicht gibt es in deinem Familienverband etwas, was du stellvertretend wiedergutmachen sollst, vielleicht gibt es einen inneren Auftrag.

Man sollte sich nicht mit den ersten, schnellen Antworten zufrieden geben. Der wahre Sinn liegt eben immer etwas tiefer. Also muss man auch etwas tiefer schürfen.

Wenn wir es nämlich nicht schaffen, mit unserem Partner in die wirkliche Tiefe zu gehen und den wahren Sinn unserer Beziehung herauszufinden, ist unser Partner austauschbar. Dann sind auch wir austauschbar. Die ganze Partnerschaft ist dann austauschbar. Unsere Partnerschaft ist nichts Besonderes. Wir sind nichts Besonderes.
Wenn man den wahren Sinn der Partnerschaft nicht lebt, wird sie sich irgendwann auflösen, weil der eigentliche Motor, der die Beziehung antreibt, fehlt. Und glaube mir, jede Partnerschaft hat einen tieferen Sinn, er wird nur nicht gelebt.
Nehmen wir allerdings an, dass der tiefere Sinn unserer Beziehung nur darin liegt, uns das Leben leichter zu machen, uns Sex zu verschaffen oder andere Bedürfnisse zu befriedigen, so geben wir der Beziehung keinen wirklichen Wert, der sie einzigartig macht. Das Ende ist dann abzusehen.
Denn sobald die Bedürfnisse nicht mehr genügend befriedigt werden,

und das wird früher oder später der Fall sein, muss für die Beziehung eine neue Wertigkeit gesucht werden oder sie wird sich auflösen. Warum sollte man auch zusammenbleiben, wenn man keinen Sinn mehr darin sieht.
Die meisten Menschen verlassen an diesem Punkt die Beziehung, weil sie es nicht schaffen, mehr Wert in einer Beziehung zu sehen, als das Ausleben von körperlichen Reizen. Verliert dieses Ausleben aber an Anziehungskraft, und das geschieht früher oder später in jeder Beziehung, so setzt Unzufriedenheit ein und die Suche nach der Befriedigung wird noch stärker vorangetrieben. Anfangs innerhalb der Partnerschaft, später auch außerhalb.

Die meisten Trennungen geschehen also nicht aus Mangel an Lustgewinn oder Vergnügen, sondern weil die eigentliche Tiefe in der Beziehung fehlt.
Weil jeder nur seinen eigenen Egoismus lebt, der ihn nicht größer, sondern stets kleiner macht. Das ist auf die Dauer unbefriedigend, und man gibt fälschlicherweise nicht sich selbst die Schuld, sondern seinem Partner.
Dabei wurde das Potential der Beziehung weder erkannt noch ausgeschöpft.

Deine Beziehung hat den Wert, den du ihr gibst.

Je nachdem wie wir unsere Beziehung definieren, wird der Endpunkt der Partnerschaft klar bestimmt sein. Hat unsere Beziehung zum Beispiel in unserem Leben Spaß und Freude zu bringen, wird die Beziehung so lange Bestand haben, wie wir das bekommen.
Hat unsere Beziehung den Sinn, Kinder zu bekommen und großzuziehen, wird sie so lange Bestand haben, bis die Kinder groß und aus dem Haus sind.
Wir definieren also Inhalt und Umfang der Beziehung und dementsprechend Anfang und Ende, Sinn und Sinnhaftigkeit.

Gib deiner Partnerschaft einen größeren Bogen.

Man sollte den tieferen Sinn seiner Beziehung also nicht zu stark eingrenzen, denn wenn der geplante Sinn der Beziehung erreicht ist, hat sie ihren Zweck erfüllt. Sie hat dann buchstäblich keinen Sinn mehr. Man benötigt sie also nicht mehr. Sie hat sich selbst erübrigt, und in unserem Leben gibt es keinen Bedarf mehr, diese Beziehung weiter zu führen. Die Kinder sind groß, das Haus abbezahlt oder der Sex alltäglich. Die Beziehung ist beendet und wird sich auflösen, unweigerlich.
Es sei denn, wir finden ganz schnell einen neuen, größeren Sinn, den unsere Beziehung in unserem Leben einnehmen kann. Das nennt man Transformation.

> **Transformiere also deine Beziehung,
> erschaffe sie stets neu.**

Je tiefer und umfangreicher man seine Beziehung definiert, desto tiefer und umfangreicher wird man in seiner Beziehung leben. Es liegt immer nur an einem selbst.
Kehre also immer wieder zurück zu den Fragen! Suche nach Antworten und neuen Inhalten.

Eine Beziehung ist jedenfalls viel, viel mehr, als man sich anfangs vorstellen kann. Sie geht wesentlich tiefer und eröffnet in dieser Tiefe den Beteiligten ungeahnte Chancen. Sie gibt einem nicht nur die Möglichkeit, sich zu heilen und alte Muster aufzulösen, sie gibt einem auch die Möglichkeit, all seine positiven Eigenschaften, die ebenfalls in einem schlummern, in sein Bewusstsein zu holen und sie zu verwirklichen.
Viele dieser ungeahnten Qualitäten kann man nur in einer tiefen Liebesbeziehung hervorholen, ausbilden und leben. Zuverlässigkeit, Kontinuität, Treue, Wahrhaftigkeit, Fürsorge, Schutz, Güte, Großzügigkeit sind keine hohlen Worte mehr für uns, sondern gelebte Wirklichkeit. Je mehr man sich darauf einlässt, umso mehr kommt man in Kontakt mit sich und seinen Tiefen. Die Beziehung gibt einem die Chance sich selbst in seiner ganzen Größe wahrzunehmen.

Ist die Beziehung dann eines Tages innerlich stark und gefestigt, kann sie auch größere Aufgaben übernehmen. Denn jede Beziehung wirkt nicht nur nach innen, sondern auch nach außen.

Größere Ziele

Diese Ziele können innerhalb der Beziehung liegen, aber genauso gut auch außerhalb. Wenn die Partner bereits alle innerlichen Kämpfe ausgefochten haben, werden sie nach außen wirken wollen und dort durch ihre Beziehung kraftvoll arbeiten können. Mit Sicherheit werden sie auf Hindernisse stoßen, die sie aber nun gemeinsam überwinden können. Wobei jedes zur Seite geräumte Hindernis noch enger zusammenschweißt.

Aber die Beziehung sollte niemals rein selbstsüchtig arbeiten. Denn nur wenn sich die Partnerschaft auch für andere einsetzt, gibt man ihr Kraft und Inhalt.

Menschen, die sich für andere Menschen einsetzen, werden geliebt, Menschen, die sich nur für sich selbst einsetzen, werden vielleicht bewundert, aber nie geliebt.

> **Eine Beziehung ist dazu da,**
> **dass man gemeinsame Ziele erreicht.**

Finde also heraus, zu welchem größeren Zweck ihr zusammengekommen seid.
Wieso habt ihr euch gefunden?
Was kann deine Partnerschaft außen bewirken?
Ist sie ein Vorbild für andere?
Gestaltet ihr gemeinsam etwas, was du alleine nicht geschaffen hättest?
Schafft ihr ein Werk für die Menschheit, für die Gemeinschaft, das du alleine in dieser Form nicht bewerkstelligt hättest?

Hebe deine Partnerschaft über die Alltäglichkeit heraus. Lass sie nicht zu einem reinem Selbstzweck verkümmern. Gib ihr einen tieferen

Sinn. Als Dank bekommt ihr eine ungeheure Kraft und Würde, die eure Beziehung mit unbegrenzter Energie speist.
Setzt die Kraft eurer Beziehung für übergeordnete Werte ein. Wirkt nach außen.

> Ein Leben in Liebe und Reichtum ist vergeudet,
> wenn du andere nicht daran teilhaben lässt.

Danksagung

Fehler sind unsere größten Lehrer.

Ich danke all denen, die mich um Rat gefragt haben und die mich haben spüren lassen, welche Kraft ich ihnen geben konnte.
Ich danke auch denjenigen, die mich durch ihr Beispiel inspiriert und mir in den langen, berührenden Gesprächen genügend Anerkennung gegeben haben, endlich den Mut zu finden, über die tiefen Wahrheiten in Beziehungen zu schreiben.

Ich danke allen Frauen, die mir – gewollt oder ungewollt – so viel über sich beigebracht haben.
Ich danke all meinen One-Night-Stands und all meinen unbefriedigenden Beziehungen, die mir immer wieder meine Leere und Einsamkeit aufzeigten, damit auch ich endlich den Weg finden konnte.
Letztendlich danke ich allen, die eine »unerfüllte« Beziehung geführt und mir das Vertrauen entgegengebracht haben, mich zu fragen, wie sie aus diesem Kreislauf wieder herauskommen können.
Und natürlich meiner Tochter Julia und Michaela, meiner großen Liebe und Erfüllung in diesem Leben.
Ohne euch hätte ich meine Kraft nicht spüren dürfen.
Ohne euch gäbe es dieses Buch nicht.

Die Liebe ist die Bindekraft. Wir alle gehen den gleichen Weg. Immer und immer wieder.

Anmerkungen

1 Veröffentlichung von ABARIS, Institut für Psychotherapie Stuttgart

2 Studie der University of California

3 Studie der Uni Chicago. Bei fast 3500 Befragten wurde bis zu 15 Mal nachgehakt. Ergebnis: Ein Drittel der Frauen und ein Viertel der Männer hatten im vergangenen Jahr überhaupt keinen Sex. Ein weiteres Viertel nur ein paar Mal. In England fühlt sich ein Drittel der arbeitenden Mütter zu müde für Sex.

4 Umfrage Institut Gewis, Hamburg.

Beziehungs-Seminare
von Konrad Halbig

Der Wunsch, mit einem Partner zusammen glücklich zu sein, erfüllt wohl die meisten von uns. In diesem Buch – und noch tiefergehend und ergänzend in den Seminaren, die der Autor anbietet – geht es genau darum: Wie können wir dieses Glück finden, wie räumen wir den inneren Weg frei, um eine wahre Liebesbeziehung zuzulassen? Glück – das bedeutet auch, nicht ständig Friede, Freude, Heiterkeit. Es geht um Tiefe, um Wachstum und um Ehrlichkeit.

In jedem Stadium von Beziehung oder Single-Dasein können wir, wie in dem Buch beschrieben, eine gründliche Bestandsaufnahme vornehmen. Diese Bestandsaufnahme ist allerdings besonders hilfreich, wenn wir gerade auf der Suche sind, weil sie uns hilft, über unsere Wünsche und Ziele Klarheit zu gewinnen. So senden wir auch eine klare Information aus und ziehen damit die richtigen Partner an. Es ist ähnlich wie bei der Sanierung eines Hauses: Zuerst wird der Keller sorgfältig begutachtet. Der Keller entspricht unserer Vergangenheit. Wenn das Fundament instabil ist, hilft keine noch so schöne Renovierung des Obergeschosses, wir werden uns dort nie sicher und geborgen fühlen. In die Realität der Beziehung übersetzt bedeutet das, wir werden immer wieder auf die gleichen Probleme stoßen. Dies anzuerkennen, nimmt schon einmal einen großen Druck von uns: Wir müssen nicht mehr versuchen, unseren Partner so zu ändern, dass er uns nicht mehr mit den betreffenden Themen konfrontiert – das ist, wie wir wissen, sowieso ein sinnloses Unterfangen. Wir brauchen uns auch nicht selbst zu verurteilen: »Das hätte ich doch gleich sehen müssen, wieso falle ich immer auf den gleichen Typ herein, …«. Wir haben unsere Energie stattdessen frei, um uns mit dem Kern des Problems zu beschäftigen.

Daneben gibt es auch einige Grundsätze, die völlig einfach und einleuchtend sind und deren Beachtung bereits eine dramatische Wende in einer Beziehung hervorrufen kann. Dazu gehören Glücksregeln wie: »Spiel nicht mit dem Feuer« oder »Rede nicht schlecht über deinen Partner«. Die Einhaltung dieser Regeln widerspricht den gesellschaftlichen Gepflogenheiten, deren Schädlichkeit jedem sofort einleuchtet. Wenn einem die eigene Beziehung wichtig ist, kann man diesen Beziehungskillern bewusst aus dem Weg gehen. Dazu bedarf es nur der klaren Entscheidung und des Mutes, sich gegen das zu stellen, was alle tun.

Der eigentliche Schwerpunkt der Seminare liegt darin, die eigenen bewussten und unbewussten Glaubensmuster, Gefühle und Erwartungen ans Licht zu bringen. Um eine ehrliche Innenschau kommen wir nicht herum, wenn wir eine erfüllte Beziehung leben wollen. Diese Klärung der eigenen Ausgangsposition muss dabei nicht so radikal ablaufen wie in der Geschichte des Autors. Denn im Rahmen eines Seminares sind wir geschützt und unterstützen uns gegenseitig. Wir befinden uns im Kreise Gleichgesinnter, die ebenfalls bereit sind, ihre Wahrheit anzuschauen, wir brauchen also niemandem etwas vorzuspielen. Im Gegenteil, wir können unsere Spiele und Masken auf diese Weise erkennen und uns dann entscheiden, ob wir uns wirklich weiter hinter ihnen verstecken wollen.

Pierre Franckh ist jemand, der uns diese Spiele bewusst machen kann, denn er kennt sie aus seinem eigenen Leben. Er selbst hat, aus der tiefen Sehnsucht nach einer wahren Beziehung heraus, die verschiedensten Erfahrungen gemacht. Alles, was er schreibt und in den Gesprächen vermittelt, ist lebendiges Wissen. Er hat all dies selbst durchlebt und ist verwandelt daraus hervorgegangen.

Diese Verwandlung, dieser Neubeginn, ist auch für uns erreichbar. Dabei kann uns Pierre Franckh inspirierendes Vorbild sein, an dem wir sehen können, »ja, es ist möglich, eine wahre, tiefe Liebesbeziehung zu leben«, und er kann uns zusätzlich auch ein verständnisvoller Begleiter und Freund auf unserem eigenen Weg sein.

Noch ein praktischer Hinweis: Auch wenn es das Optimale ist, wenn Paare gemeinsam beschließen, etwas für ihre Beziehung zu tun – meist ist es doch so, dass nur ein Partner die Initiative ergreift und etwas für sich verändert, für sich wahrhaft oder, wie es neuerdings heißt, »authentisch« leben möchte. Unabhängig davon, ob sich der andere Partner dem anschließt oder nicht.
Es geht darum *mit* dem Partner glücklich zu sein und nicht *durch* den Partner glücklich zu werden.

Kontaktadresse für Vorträge und Seminare:

Pierre Franckh
Postfach 900 727
81507 München

Pierre.Franckh@t-online.de

Weitere Informationen gibt es auf der Homepage:
www.Pierre-Franckh.de

Das Hörbuch zum Buch

Michaela Merten und Pierre Franckh lesen

Glücksregeln für die Liebe

VON PIERRE FRANCKH

2 CD´s, Spielzeit ca. 150 Minuten
€ (D) 17,95   sFr 31,80   € (A) 18,60
ISBN 3-7831-2719-X

www.kreuzverlag.de

Der neue Schlüssel zur erfüllten Partnerschaft

Allegria

Diese Karten sind eine einfache Anleitung auf spielerische Art zu mehr Kommunikation, Vertrauen und Spaß mit dem Partner zu finden.

Sie sind ein Schlüssel zu einem lustvollen Umgang mit unserer Intimität und erlauben, die Ratschläge aus Pierre Franckhs Bestsellern *Glücksregeln für die Liebe* und *Lustvoll Lieben* mit dem Partner zu erleben.

Glückskarten für Liebe und Sex
Der neue Schlüssel zur erfüllten Partnerschaft
49 Karten mit
64 Seiten Booklet
9,5 x 13,5 cm

ISBN-13: 978-3-7934-2045-3
ISBN-10: 3-7934-2045-0

Die beliebten Kartendecks der erfolgreichen Engel-Autorin

Das Erzengel-Orakel
45 Karten mit Anleitung
9,5 x 13,5 cm
ISBN: 3-7934-2028-0

Das Heil-Orakel der Feen
44 Karten mit Anleitung
9,5 x 13,5 cm
ISBN: 3-7934-2029-9

Mit diesen **Orakel-Karten** finden Sie einen persönlichen Zugang zur Welt der Engel, die uns helfen, innere Kraft und Zuversicht zu gewinnen.

Das Heil-Orakel der Engel
44 Karten mit Anleitung
9,5 x 13,5 cm
ISBN: 3-7934-2017-5